CALIFORNIA LOVE

Simone Wille

CALIFORNIA LOVE

Entspannte Rezepte aus dem Golden State

Food-Fotografie von Simone Wille
Mood-Fotografie von Siobhan O'Dwyer

Hölker Verlag

INHALT

FROM SUNRISE TO SUNSET

Kalifornien ist ein guter Platz für Frühaufsteher. Und eigentlich noch mehr für alle anderen. Denn nirgendwo gibt es so viele gute Gründe, sich morgens im Bett nicht noch einmal herumzudrehen.

Wo man am besten startet? Am Strand, genau so: Mit der Sonne im Rücken und Blick aufs Meer. Wellen zählen, Luft spüren, kurz durchatmen und innehalten ... Oft dauert mein früher Meerausflug keine halbe Stunde und ist doch mein wichtigster Weichensteller für den Tag.

Mit einer Tasse Kaffee oder Matcha in der Hand geht es weiter zum Farmers Market. Auch hier gilt: je früher, desto besser. Dabei halten die unzähligen Märkte auf den ersten Blick oft gar nicht, was ihnen an grandiosem Ruf vorauseilt. Die Stände sind schlicht und der Markt selbst, ganz untypisch für die USA, hat erstaunlich wenig Beiprogramm. Doch genau das ist es. Denn hier geht es wirklich nur um eins: the Produce. Die angebotenen Lebensmittel, vor allem Obst und Gemüse, sind immer frisch, bio, regional und saisonal (alles andere würden die verwöhnten Marktbesucher auch direkt am Stand liegen lassen). In dem Bundesstaat mit dem milden Klima herrschen so gute Anbaubedingungen, dass einen die Vielfalt im besten Sinne sprachlos macht – wären da nicht die legendäre kulturelle Vielfalt und Freundlichkeit des Sunshine States.

Nirgendwo hat sich eine Standbetreiberin je so viel Zeit genommen, um mit mir gemeinsam die für mich perfekte Dattel zu finden, wie auf dem kleinen Farmers Market in Joshua Tree. Und nirgendwo rutsche ich so easy in entspannte Plauderei wie beim Verkosten der Ware. Ob das alles oberflächlich ist, wie ein paar leise (oder laute) Stimmen gerne anmerken? Vielleicht, man kennt sich ja tatsächlich nicht. Gute Laune macht mir der Austausch aber allemal.

Die brauche ich auch, denn regelmäßig ist mein Korb, der auf dem Hinweg noch locker in der Armbeuge hing, nach dem Marktbesuch reichlich voll und deutlich schwerer. Ähnlich mein Notizbuch, das sich auf dem Farmers Market besonders schnell mit vielfältigen, gesunden und fast immer einfach zu handhabenden Inspirationen füllt. Was daraus wird? Rezepte, die glücklich machen, bis die Sonne abends dramatisch hinter dem Horizont verschwindet.

LIFE IS
A BEACH
ENJOY
THE WAVES

Because the greatest part of a road trip isn't arriving at your destination, it's all the wild stuff that happens along the way.

SUN
RISE

GOOD MORNING CALIFORNIA!

Eine Tasse frisch gebrühter Kaffee und ein Sonnenaufgang der Extraklasse – mehr braucht es nicht für das ultimative Cali-Feeling ... Wer von der Sonne früh aus dem Bett gelockt wird, kann sich auf dem Farmers Market mit frischem Obst und Gemüse belohnen oder den Tag mit einem entspannten Strandspaziergang starten.

HONEY ROASTED CITRUS FRUITS

Wer auch nur einmal alle angebotenen Sorten auf einem der unzähligen Farmers Markets probiert hat, der weiß: Zitrusfrüchte einzukaufen macht nirgendwo so viel Freude wie in Kalifornien. Dieses Rezept betont die süß-herben Aromen der Früchte.

Für 4 Portionen

Für die Cashewcreme
(ca. 300 g):

150 g Cashewkerne

1 TL Vanilleextrakt

3 EL Ahornsirup

115 ml Mandarinensaft,
frisch gepresst

1 Prise Meersalz

Für die Zitrusfrüchte:

1 Grapefruit

1 große Blutorange

1 Orange

4 EL Honig

1 TL Vanilleextrakt

6 kleine Zweige Rosmarin

Für die Cashewcreme die Cashews mindestens 3 Stunden, besser über Nacht, in Wasser einweichen. Abgießen und sorgfältig abspülen. Anschließend mit Vanilleextrakt, Ahornsirup, Mandarinensaft und Salz in einem Standmixer cremig pürieren. Beiseitestellen.

Für die Zitrusfrüchte den Backofen auf 180 °C vorheizen. Jeweils beide Enden der Grapefruit und der Orangen ca. 5 mm breit abschneiden. Die Früchte halbieren und die einzelnen Filets mit einem scharfen Messer von der Fruchthaut trennen.

Honig mit Vanilleextrakt verrühren und gleichmäßig auf den Schnittflächen verteilen. Die Fruchthälften in eine Auflaufform oder auf ein mit Backpapier ausgelegtes Backblech setzen und mit je 1 Rosmarinzweig belegen.

Im heißen Ofen auf der obersten Schiene in 8–12 Minuten rösten. Noch warm mit der Cashewcreme genießen.

GRANATAPFEL-JOGHURT-BOWL

Harte Schale, köstlicher Kern: keine Frage, der Granatapfel will erobert werden – und das funktioniert kaum ohne jede Menge roter Spritzer in der Küche. Doch halb so wild, für dieses Rezept werden die Früchte einfach mittig geteilt und wie eine Orange mit einer Zitruspresse ausgepresst.

Den Joghurt auf zwei flache Schalen verteilen und den Granatapfelsaft auf der Oberfläche spiralförmig einrühren. Den Honig darüberträufeln und abschließend mit Amarant und Bienenpollen garnieren.

Für 2 Portionen

400 g griechischer Joghurt
(10 % Fett)
Saft von 2 Granatäpfeln
2 EL Honig

Außerdem:
4 EL Amarant, gepufft (alternativ
Granola oder Haferflocken)
2 TL Bienenpollen

CREAMY AVOCADO ON SOURDOUGH

Gekommen, um zu bleiben. Es gibt wohl keine anständige kalifornische Früh-stückskarte, auf der nicht eine Variante des Avocadotoasts zu finden ist. Hier teilt sich die Avocado das Brot mit knackiger Gurke und cremigem Feta.

Die Gurke putzen und mit einem Sparschäler in dünne Schei-ben schneiden. Die Frühlingszwiebel putzen und schräg in feine Ringe schneiden. Den Feta zerbröseln, die Minze abbrau-sen und trocken tupfen. Gurke, Frühlingszwiebel und Feta in einer Schüssel mit Olivenöl, Zitronenabrieb und -saft und den Minzblättchen vermengen. Mit Meersalzflocken abschmecken.

Die Brotscheiben toasten. Die Avocado mit einer Gabel zer-drücken und auf den Scheiben verteilen. Mit 1 Prise Meersalz bestreuen. Die Gurken-Feta-Mischung daraufgeben und nach Belieben mit Pfeffer und Chili abschmecken.

Für 2 Portionen

1 kleine Gurke

1 Frühlingszwiebel

2 EL Feta

6 Minzblättchen

4 TL Olivenöl

Abrieb und 2 TL Saft
von ½ Bio-Zitrone

Meersalzflocken

4 Scheiben Sauerteigbrot

1 reife Avocado

Meersalz

Außerdem:
frisch gemahlener Pfeffer (optional)
Chiliflocken (optional)

GLUTEN-FREE BANANA BREAD

*Mein Lieblingsspruch aus Kalifornien? Be friendly to your future self.
Möchte man sich selbst etwas Gutes tun, backt man schon am Vorabend
dieses köstliche Bananenbrot. Denn am nächsten Morgen hat es sogar
noch mehr Aroma.*

Für 1 Brot

200 g Walnusskerne

200 g Haferflocken

2 TL Weinstein Backpulver

1 Prise Salz

75 ml Kokosöl

5 reife Bananen

50–100 g Muscovado Zucker

100 ml Ahornsirup

100 ml ungesüßte Hafermilch

1 TL Vanilleextrakt

50–100 g Zartbitterschokolade
(optional)

Den Backofen auf 170 °C vorheizen, eine 25–30 cm lange Kastenform mit Backpapier auslegen. Die Walnüsse ohne Fettzugabe in einer beschichteten Pfanne bei mittlerer Temperatur rösten, bis sie zart duften. Auf einem Brett abkühlen lassen und grob hacken.

Die Haferflocken in einem leistungsstarken Standmixer zu griffigem Mehl verarbeiten. In eine Schüssel umfüllen, mit Backpulver und Salz vermengen und beiseitestellen. Das Kokosöl in einem kleinen Topf schmelzen.

4 Bananen schälen und in Stücke teilen. Mit Zucker (Menge nach Geschmack), Ahornsirup, Hafermilch, Vanilleextrakt und Kokosöl im Mixer pürieren. Hafermehlmischung zufügen und bei mittlerer Geschwindigkeit untermixen. Die Walnüsse unter den Teig rühren.

Die Hälfte des Teigs in die Kastenform füllen. Nach Belieben die Schokolade in schmale Streifen hacken und darauflegen, dann den restlichen Teig einfüllen. Die letzte Banane ebenfalls schälen, der Länge nach halbieren und mit der Schnittfläche nach oben leicht auf die Teigoberfläche drücken.

Das Bananenbrot im heißen Ofen 75 Minuten backen. Mindestens 30 Minuten, besser noch über Nacht, auf einem Kuchengitter abkühlen lassen.

GODDESS GREEN SMOOTHIES

Grüne Smoothies kann man getrost nach eigenem Geschmack und Augenmaß zubereiten. Als Anregung einige Favoriten aus den Juice Bars von L. A.

Für je 2 Portionen

FRESH GREENS

1 Avocado

2 Gurken

1 Bio-Limette

2 Handvoll Romanasalat

2 Handvoll Löwenzahn

1/2 Bund Minze

Außerdem:

50–150 ml Kokoswasser (optional)

Eiswürfel (optional)

Die Avocado schälen und den Kern entfernen. Gurken putzen, Limette waschen und beides in grobe Stücke schneiden. Eventuell vorhandene Limettenkerne entfernen. Salat, Löwenzahn und Minze abbrausen und trocken tupfen. Alle Zutaten in einen leistungsstarken Standmixer füllen und mit steigender Geschwindigkeit in 1–2 Minuten sehr fein pürieren. Nach Belieben Kokoswasser oder einige Eiswürfel zugeben und den Smoothie erneut mixen. In zwei Gläser füllen und sofort genießen.

SWEET GREENS

1 Banane

1 Mango

1 weißer Pfirsich

1 Handvoll Kopfsalat

3 Handvoll Spinat

3 Stängel Basilikum

2 TL Kokosöl

1 TL Blütenpollen

Außerdem:

50–250 ml Mandelmilch (optional)

Eiswürfel (optional)

Die Banane schälen. Die Mango und den Pfirsich schälen und jeweils den Kern entfernen. Kopfsalat, Spinat und Basilikum abbrausen und trocken tupfen. Alles mit dem Kokosöl und den Blütenpollen in einen leistungsstarken Standmixer füllen und mit steigender Geschwindigkeit in 1–2 Minuten sehr fein pürieren. Mandelmilch und/oder Eiswürfel nach Belieben zugeben und den Smoothie erneut zu einer homogenen Masse mixen. In zwei Gläser füllen und sofort genießen.

POWER GREENS

1 Avocado

2 grüne Äpfel

1 Fenchelknolle

1 Stück Ingwer (ca. 2 cm)

1 Bund Koriander

2 Handvoll Grünkohl

2 Handvoll Spinat

1 TL Spirulina

Saft von 1 Zitrone

Außerdem:

50–250 ml Grapefruitsaft, frisch gepresst (optional)

Eiswürfel (optional)

Die Avocado schälen und den Kern entfernen. Äpfel, Fenchel und Ingwer waschen und in grobe Stücke schneiden. Koriander, Grünkohl und Spinat abbrausen und trocken tupfen. Alles mit Spirulina und Zitronensaft in einem leistungsstarken Standmixer mit steigender Geschwindigkeit in 1–2 Minuten sehr fein pürieren. Nach Belieben Grapefruitsaft oder einige Eiswürfel zugeben und den Smoothie erneut homogen mixen. Auf zwei Gläser verteilen und sofort genießen.

MORNING MILKS

Die Morning Milks sind ein zart-weicher Gruß an verschlafene Gaumen. Je nach Wetter und Verfassung kann die Milch heiß, zimmerwarm oder auf Eis gekühlt genossen werden.

Für je 2 Portionen

GOLDEN MILK

500 ml Milch nach Wahl
(z. B. Mandelmilch)

2 Kardamomkapseln

1 Stück Kurkuma (ca. 3 cm,
alternativ 1 TL gemahlene Kurkuma)

1 Stück Ingwer (ca. 2 cm)

1 TL Kokosblütenzucker
(alternativ Honig)

1/2 TL Zimt

2 TL Kokosöl

frisch gemahlener Pfeffer

Die Mandelmilch mit den Kardamomkapseln in einem kleinen Topf bei mittlerer Temperatur erwärmen. Vom Herd nehmen und die Kardamomkapseln entfernen. (Wenn gekühlte Milch verwendet wird, zunächst die Kardamomkapseln in einem Mörser zerstoßen, mindestens 15 Minuten in der Milch ziehen lassen und die Milch dann durch ein feines Sieb abseihen.)

Kurkuma und Ingwer schälen und mit Kokosblütenzucker, Zimt, Kokosöl und der warmen Milch in einem leistungsstarken Standmixer mit steigender Geschwindigkeit sehr fein pürieren. Auf zwei Gläser verteilen und mit Pfeffer bestreut genießen.

MATCHA MILK

2 TL Matcha Teepulver

450 ml Milch nach Wahl
(z. B. Reismilch)

1 TL heller Reissirup oder Zucker
(optional)

100 ml Wasser aufkochen und in ca. 10 Minuten auf 80 °C abkühlen lassen. Das Matchapulver auf zwei Gläser verteilen, mit dem Wasser aufgießen und mit einem Bambusbesen oder Milchaufschäumer aufschlagen.

Die Milch erwärmen und ebenfalls aufschäumen. Vorsichtig in den Matchatee fließen lassen, es bilden sich hübsche Spiralen. Nach Belieben mit Reissirup oder Zucker süßen.

SWEET POTATO LATTE

1 kleine Süßkartoffel

480 ml Milch nach Wahl
(z. B. Hafermilch)

4 TL Ahornsirup

¼ TL Zimt + etwas zum Bestäuben

Die Süßkartoffel schälen, in grobe Stücke schneiden und in 15–20 Minuten in einem Topf in etwas Wasser dämpfen, bis sie weich ist. Mit einer Gabel zerdrücken und 150 g davon abwiegen.

Die Milch erwärmen und mit dem Süßkartoffelmus, Ahornsirup und Zimt in einem Mixer mit steigender Geschwindigkeit sehr fein pürieren. Auf zwei Gläser verteilen und mit Zimt bestäubt servieren.

FARMERS MARKET GREENS & EGGS

Wer früh aufsteht und als Erstes auf dem Farmers Market einkauft,
kann dem Spiegelei zu Hause ein frisches grünes Nest bereiten.

Für 2 Portionen

3 Frühlingszwiebeln

2 Handvoll Pflanzengrün
(z. B. Blutampfer, Babyspinat, Grünkohl, Brunnenkresse, Löwenzahn)

2 EL Olivenöl

2 Eier

Meersalz

frisch gemahlener Pfeffer

Die Frühlingszwiebeln putzen und in feine Ringe schneiden. Das Pflanzengrün abbrausen und trocken schleudern.

Das Olivenöl in einer beschichteten Pfanne bei mittlerer Temperatur erhitzen. Die Frühlingszwiebeln darin ca. 1 Minute dünsten. Die Eier vorsichtig am Rand der Pfanne aufschlagen, separat hineingleiten und in ca. 30 Sekunden stocken lassen. Mit 1 Prise Salz würzen. Das Pflanzengrün um die Eier herum verteilen. Bei geschlossenem Deckel 1–2 Minuten garen, bis das Grün zusammengefallen und die Eiweiße vollständig gestockt sind. Mit Salz und Pfeffer abschmecken und servieren.

SUN
SAND
SEA
& ME

SMASHED FIGS ON OVERNIGHT OATS

*Noch ein Rezept, das man am besten schon am Vorabend zubereitet.
Im Schraubglas lassen sich die Overnight Oats sicher mitnehmen
(und später am Strand verzehren).*

Die Haferflocken mit Milch, Joghurt, Honig und Vanilleextrakt verrühren. In zwei Schraubgläser füllen, kühl stellen und mindestens 2 Stunden, besser über Nacht, ziehen lassen.

Die Mandarine schälen, fein hacken und unter die Overnight Oats rühren. Die Mandeln hacken, die Feigen schälen und mit einer Gabel zerdrücken. Beides auf die Overnight Oats geben. Nach Belieben mit Honig beträufeln.

Für 2 Portionen

80 g grobe Haferflocken

200 ml Milch nach Wahl

6 EL Joghurt nach Wahl

1 EL Honig + 1 TL zum Beträufeln (optional)

1 TL Vanilleextrakt

1 Mandarine

1 kleine Handvoll Mandeln

2 Feigen

JOGHURT-PANCAKES MIT MACADAMIACREME

Pancakes sind ein echter US-Frühstücksklassiker. Diese hier sind besonders fluffig und nicht nur bei Kindern äußerst beliebt.

Für 2 Portionen

Für die Macadamiacreme
(ca. 200 g):

150 g Macadamianusskerne

1 Zimtstange

3 EL Ahornsirup

1 Prise Meersalz

Für die Pancakes:

150 g Mehl

1 EL Speisestärke

1 TL Backpulver

35 g brauner Zucker

1 Prise Meersalz

135 g Naturjoghurt nach Wahl

1 EL Zitronensaft, frisch gepresst

1 Ei

1 Banane

Außerdem:

1 Banane

1 Handvoll Himbeeren

Ahornsirup

Für die Nusscreme die Macadamias und die Zimtstange mindestens 4 Stunden, besser über Nacht, in Wasser einweichen. Abgießen und abspülen. Anschließend mit Ahornsirup, Salz und 125 ml Wasser in einem leistungsstarken Standmixer fein pürieren. Bis zum Verzehr kalt stellen.

Für die Pancakes Mehl, Speisestärke, Backpulver, Zucker und Salz in einer Schüssel mit einem Schneebesen vermengen. Joghurt, Zitronensaft und Ei in einer zweiten Schüssel verquirlen. Banane schälen und fein zerdrücken und unter die Joghurtmischung rühren. Die Mehlmischung darübersieben und mit dem Schneebesen unterrühren, bis alle Zutaten gerade so vermengt sind. Den Teig kurz ruhen lassen.

Eine beschichtete Pfanne ohne Fettzugabe bei mittlerer Hitze erwärmen. Wird die Pfanne zu heiß, Temperatur reduzieren und die Pfanne kurz auf einem feuchten Küchentuch abkühlen lassen (es zischt). Ein Viertel der Teigmenge mit einer Kelle aus ca. 15 cm Abstand in die Pfanne gießen. Den Pfannendeckel auflegen und den Pancake so lange backen, bis die Oberseite zart gebräunt ist und sich kleine Löcher bilden. Wenden und weitere 2 Minuten bei geschlossenem Deckel backen. Mit dem übrigen Teig ebenso verfahren und 3 weitere Pancakes backen.

Die zweite Banane schälen und würfeln, die Himbeeren abbrausen, trocken tupfen und mit einer Gabel leicht zerdrücken. Die Pancakes mit Banane, Himbeeren, Ahornsirup und der Macadamianusscreme genießen.

NO BAG
TEAS

*Hier lohnt es sich, gleich eine große Kanne zuzubereiten, denn alle Kräuter-
tees auf dieser Seite schmecken auch zimmerwarm hervorragend.*

Für je 1 Liter

Für Detox-Tea:

1 Handvoll Minze

3 TL Kreuzkümmelsamen

3 TL Koriandersamen

3 TL Fenchelsamen

Für Ingwer-Kurkuma-Tea:

1 Stück Ingwer (ca. 3 cm)

1 Stück Kurkuma (ca. 3 cm,
alternativ 1 TL gemahlene Kurkuma)

3 Pfefferkörner

1 TL Manuka Honig

Saft von 1 Zitrone

Für Lemongrass-Lime-Tea:

1 Bio-Limette

4 Stängel Zitronengras

Für den Detox-Tea die Minze abbrausen und mit den Samen lose in eine Kanne geben. 1 l Wasser sprudelnd aufkochen, in die Kanne gießen und den Tee mindestens 3 Minuten ziehen lassen.

Für den Ingwer-Kurkuma-Tea Ingwer und Kurkuma in dünne Scheiben schneiden und mit den Pfefferkörnern in eine hitzebeständige Flasche oder Kanne geben. Ca. 250 ml Wasser aufkochen und Ingwer, Kurkuma und Pfeffer damit aufgießen. 10 Minuten ziehen lassen.

Den Manuka Honig zufügen und mit warmem Wasser auf 1 l auffüllen. Zuletzt den Zitronensaft zum Tee gießen.

Für den Lemongrass-Lime-Tea die Limette heiß abwaschen und die Schale mit einem Zestenreißer oder Sparschäler lösen. Dann die Frucht auspressen. Zitronengrasstängel und Limettenschale in eine Kanne geben und mit 1 l kochendem Wasser übergießen.

Den Tee mindestens 5 Minuten ziehen lassen und nach Belieben mit Limettensaft genießen.

PERFECT GOOD-MORNING-COFFEE

Meine Vorstellung von einem guten Morgen? Mit einer Tasse frisch gebrühtem Kaffee in der Hand den tieforangen Sonnenaufgang hinter den kalifornischen Bergen zu betrachten.

Reichlich (mindestens 1 l) Wasser aufkochen. Davon 500 ml abmessen und auf 90–95 °C abkühlen lassen. Währenddessen den Kaffeefilter mit dem Filterpapier auf die Kaffeekanne setzen. Das Filterpapier mit dem verbliebenen heißen Wasser durchspülen (dadurch wird auch die Kanne erwärmt). Wasser abgießen.

Den Kaffee in die Mitte der Filtertüte geben. Leicht schütteln, damit er sich gleichmäßig verteilt. Zunächst mit 50–100 ml Wasser überbrühen und das Kaffeemehl mit dem Wasser im Filter verrühren, 30 Sekunden quellen lassen.

Das weitere Wasser langsam mit kreisförmigen Bewegungen über den Kaffee geben. Während des Durchlaufens nicht umrühren und das Wasser stets so nachgießen, dass der Kaffee nicht trocken wird. Nach Belieben mit Reissirup oder Zucker süßen.

Für ½ Liter

30 g frischer, mittelfein gemahlener Kaffee, hell geröstet

Außerdem:
Kaffeefilter
Filterpapier
heller Reissirup oder brauner Zucker (optional)

Here's to fresh coffee,
sunshine, ocean air
and all the other
simple but glorious
pleasures of life.

BREAKFAST DATTELN

*Schnelle Energie vor der ersten morgendlichen Surfrunde: Diese Dattel-
rollen sind ein echtes Powerfrühstück.*

Für 15 Stück

400 g frische Datteln ohne Stein
120 g Mandeln
¼ TL Meersalzflocken

Die Datteln in einem Topf mit 100 ml Wasser erhitzen. Sobald die Mischung zu kochen beginnt, die Temperatur reduzieren und die Datteln mit einem Kartoffelstampfer oder einer Gabel zerdrücken. Vom Herd nehmen und vollständig auskühlen lassen.

Die Mandeln fein hacken und ein Drittel der Mandeln gleichmäßig auf die Arbeitsfläche streuen. Die restlichen Mandeln mit dem Meersalz unter die Dattelmasse rühren und die Masse mit den Händen zu einem Strang von ca. 3 cm Durchmesser rollen. In daumengroße Stücke schneiden und diese in den Mandeln wälzen, bis sie vollständig umhüllt sind. Die Stücke in Frischhaltefolie gewickelt über Nacht kühl lagern.

CALIFORNIA BABY MIT LEMON SPREAD UND BLAUBEEREN

Dutch Babys sind Pfannkuchen, die eigentlich lieber ein Dessert wären.
Hier die kalifornische Variante mit frischer Limonencreme.

Für den Lemon Spread die Zitrone heiß abwaschen, trocknen und die Schale fein abreiben. Die Zitrone auspressen, Saft und Abrieb in eine Metallschüssel geben. Das Ei verquirlen und die Butter würfeln. Ei, Butter und Zucker ebenfalls in die Metallschüssel geben und alles über dem Wasserbad bei mittlerer Hitze vermengen. Gelegentlich mit einem Holzlöffel umrühren, bis die Masse zähflüssig vom Löffel tropft, je nach Ausgangstemperatur der Zutaten dauert dies ca. 10 Minuten. Dann in ein mit heißem Wasser ausgespültes, sauberes Schraubglas füllen und abkühlen lassen.

Für den Pfannkuchen eine große, ofenfeste Pfanne mit schwerem Boden in den Backofen stellen und den Ofen auf 220 °C vorheizen. Die Blaubeeren abbrausen, verlesen und trocken tupfen. Eier und Milch schaumig aufschlagen. Zitronenabrieb, Mehl und Salz zufügen und so lange rühren, bis alle Zutaten sich gerade so verbunden haben.

Die Pfanne aus dem Ofen holen. Die Butter in der Pfanne schmelzen lassen und den Teig hineingießen. Die Blaubeeren gleichmäßig auf dem Teig verteilen und das Dutch Baby ca. 18 Minuten im Ofen backen. Mit Puderzucker bestäuben, 1 EL Lemon Spread bestreichen und servieren.

Für 2 Portionen

Für den Lemon Spread
(ca. 150 g):
1 Bio-Zitrone
1 Ei
25 g Butter
100 g Zucker

Für den Pfannkuchen:
100 g Blaubeeren
3 Eier
160 ml Milch
Abrieb von 1 Bio-Zitrone
70 g Mehl
1 Prise Meersalz
4 EL Butter

Außerdem:
Puderzucker

FRESH KEFIR BOWL

Eine erfrischende Variante der Smoothie Bowl. Wer lieber trinkt als löffelt, verwendet mehr Kefir oder gibt ein Glas Kokoswasser zur Mischung.

Die Pfirsiche waschen, entsteinen und in ca. 3 cm große Stücke schneiden. Die Banane schälen und in Scheiben schneiden. Die Fruchtstücke mindestens 30 Minuten tiefkühlen. Den Ingwer schälen und grob hacken. Die Avocado schälen und grob würfeln.

Pfirsiche, Banane, Ingwer, Avocado, Kefir und Reissirup in einem leistungsstarken Standmixer fein pürieren. Chiasamen und nach Belieben Maca Pulver unterrühren. In zwei Schalen füllen und 15 Minuten ziehen lassen. Mit Granola und Pistazien garniert servieren.

Für 2 Portionen

2 Pfirsiche
1 Banane
1 Stück Ingwer (ca. 1 cm)
½ Avocado
200 ml Kefir
1 TL Reissirup (alternativ Honig)
2 EL Chiasamen
2 TL Maca Pulver (optional)

Außerdem:
1 EL Granola
1 EL gehackte Pistazienkerne

GO
WHERE
YOU FEEL
MOST
ALIVE

SUPER SEED TOAST MIT MANDELBUTTER

Wie der Name schon sagt: Der Super Seed Toast besteht fast ausschließlich aus Samen, Kernen und Nüssen und ist obendrein glutenfrei.

Für 2 Portionen

Für die Mandelbutter (ca. 200 g):
200 g Mandeln
1–4 TL Ahornsirup
¼ TL Zimt
1 Prise Meersalz

Für den Toast:
50 g Mandeln
150 g Haferflocken
90 g Leinsamen
25 g Chiasamen
½ TL Fenchelsamen
150 g gemischte Samen und Kerne
(z. B. Hanf, Sesam, Sonnenblume,
Pinie, Kürbis)
1 TL Meersalz
3 EL Kokosöl
1 EL Ahornsirup

Außerdem:
1 kleiner Apfel

Für die Mandelbutter die Mandeln in einem leistungsstarken Standmixer in 1–2 Minuten fein mahlen. Dann auf der niedrigsten Stufe beginnend erneut mixen und die Geschwindigkeit langsam erhöhen. Diesen Prozess so oft wiederholen, bis ein glattes Mus entsteht, dabei immer wieder eine Pause von 2–3 Minuten einlegen, da das Öl aus den Mandeln erst in den Ruhezeiten austritt. Das fertige Mus mit Ahornsirup (Menge nach Geschmack), Zimt und Meersalz abschmecken. In ein heiß ausgespültes, trockenes Glas füllen, verschließen und kühl stellen.

Für den Toast die Mandeln grob hacken. Mit Haferflocken, Lein-, Chia- und Fenchelsamen, Samen- und Kernmischung und Meersalz in einer großen Schüssel vermengen. Das Kokosöl und den Ahornsirup in einem kleinen Topf bei niedriger Temperatur zerlassen, anschließend mit 350 ml Wasser verrühren. Zu den trockenen Zutaten gießen und alle Zutaten gründlich vermischen. Sollte die Brotmasse zu dick sein, teelöffelweise Wasser zugeben. Eine ca. 22 cm lange Kastenform mit Backpapier auslegen. Den Teig hineinfüllen und mindestens 2 Stunden, besser über Nacht, quellen lassen.

Den Backofen auf 175 °C vorheizen. Das Brot 20 Minuten backen, dann aus der Form lösen und weitere 35–50 Minuten auf dem Rost backen. Das Brot ist fertig, sobald beim Klopfen auf die Unterseite ein hohles Geräusch erklingt. Vollständig auskühlen lassen und erst dann anschneiden.

Zwei Brotscheiben toasten und mit je 1 EL Mandelbutter bestreichen. Den Apfel waschen, vom Kerngehäuse befreien und nach Belieben in feine Scheiben, Streifen oder Würfel schneiden und auf der Mandelbutter verteilen.

DATTEL-SHAKE „COACHELLA VALLEY"

Wüste statt Küste: Das Beste am Highway 111 sind die frischen Dattel-shakes am Straßenrand, die herrlich nach Karamell schmecken.

Die Datteln entsteinen und in einer Schale mit kochend heißem Wasser übergießen. 5 Minuten ziehen lassen, dann abgießen. Die Banane schälen und in Stücke teilen, mit den Datteln und allen weiteren Zutaten in einen Standmixer geben. Mit steigender Geschwindigkeit sehr fein pürieren. In zwei Gläser füllen und sofort genießen.

Für 2 Portionen

5 frische Datteln
1 Banane
250 ml Milch
1 TL Vanilleextrakt
1 Prise Meersalz
½ TL Zitronensaft
12 Eiswürfel

BRIGHT SKY

A PERFECT DAY FOR CALIFORNIA DREAMING!

Kaliforniens Fusion-Küche ist die perfekte Grundlage für einen unangestrengten und gesunden Lebensstil. Beim Klang der rauschenden Wellen, unter blauem Himmel und vor beeindruckender Küstenlandschaft ist es fast unmöglich, Stress und Sorgen nicht im Handumdrehen zu vergessen. Luft holen, durchatmen, entspannen und glücklich sein!

GOLDEN-BEETS-SALAD MIT BLUTORANGEN

Natürlich lässt sich dieser Salat auch mit Roter Bete und regulären Orangen zubereiten. Doch mir gefällt die Abwechslung.

Für 4 Portionen

Für das Dressing:

5 EL Olivenöl

4 EL Apfelessig

2 EL Honig

Meersalz

1 Schalotte

frisch gemahlener Pfeffer

Für den Salat:

6 Gelbe Beten

4 Zweige Thymian

1 Handvoll Haselnusskerne

3 Bio-Blutorangen

2 Frühlingszwiebeln

200 g griechischer Joghurt
(10 % Fett)

Meersalz

Den Backofen auf 225 °C vorheizen. Für das Dressing 3 EL Olivenöl, 2 EL Apfelessig und den Honig vermischen und kräftig mit Meersalz abschmecken.

Für den Salat die Gelben Beten schälen, mit dem Thymian in eine Auflaufform geben und mit dem Dressing übergießen. Mit Backpapier abdecken und, je nach Größe der Knollen, 45–75 Minuten im Ofen garen. Abkühlen lassen.

Währenddessen die Haselnüsse ohne Fettzugabe in einer beschichteten Pfanne bei mittlerer Temperatur rösten. Abkühlen lassen, anschließend mit einem Messer grob hacken.

Die Blutorangen heiß abwaschen und trocknen. Die Schale mit einem Zestenreißer lösen, beiseitestellen. Eine Blutorange teilen und eine Hälfte auspressen. Die zweite Hälfte und die anderen beiden Blutorangen mit einem scharfen Messer filetieren (siehe Seite 75).

Mit einer Gabel oder einem Schneebesen den Blutorangensaft mit dem restlichen Olivenöl und Apfelessig mischen. Die Schalotte schälen, fein hacken und unter das Dressing rühren, mit Meersalz und Pfeffer abschmecken.

Die Beten in Spalten schneiden und mit dem Dressing mischen, dabei etwas Dressing aufbewahren und beiseitestellen. Die Beten kurz ziehen lassen.

Die Frühlingszwiebeln putzen, in feine Ringe schneiden und unter den Joghurt rühren. Kräftig mit Meersalz abschmecken. Auf eine große Platte löffeln, darüber die Beten und Orangenfilets verteilen. Mit dem übrigen Dressing beträufeln und mit Orangenzesten und Haselnüssen bestreut servieren.

FLOWERY SPROUT SALAD

Wer Glück hat, findet frische essbare Blüten auf dem Farmers Market. Geschmacklich kann sich der Sprossensalat jedoch auch ohne die hübsche Garnitur behaupten.

Für das Dressing den Knoblauch schälen und fein hacken. Den Schnittlauch abbrausen, trocken tupfen und in feine Röllchen schneiden. Knoblauch und Schnittlauch mit Buttermilch, Weißweinessig, Olivenöl und Meersalz verrühren.

Für den Salat die Walnüsse ohne Fettzugabe in einer beschichteten Pfanne bei mittlerer Temperatur rösten, bis sie zart duften. Auf einem Brett abkühlen lassen und grob hacken. Die Avocados schälen, vom Kern befreien und grob würfeln. Sprossen und Grün abbrausen und trocken tupfen. Alle Zutaten mit dem Dressing verrühren und kurz ziehen lassen. Abschmecken und mit den Blüten garniert servieren.

Für 4 Portionen

Für das Dressing:
1 kleine Knoblauchzehe
1 Bund Schnittlauch
200 ml Buttermilch
60 ml Weißweinessig
60 ml Olivenöl
1 TL Meersalz

Für den Salat:
1 Handvoll Walnusskerne
2 Avocados
500 g gemischte Sprossen
2 Handvoll zartes Grün
(z. B. Brunnenkresse, Blutampfer, Erbsengrün)

Außerdem:
1 Handvoll essbare Blüten

KONFETTISALAT MIT LINSEN, SPINAT UND BASILIKUM

Ein Gericht, das gute Laune schafft. Durchgezogen und gekühlt schmecken die Linsen auch noch am nächsten Tag auf einer getoasteten Scheibe Sauerteigbrot.

Für 2 Portionen

Für den Salat:
160 g gemischte Linsen
80 g Pinienkerne
100 g Parmesan
2 Handvoll Babyspinat
1 Bund Basilikum
½ Bund Petersilie
1 Knoblauchzehe

Für das Dressing:
Saft von 1 Zitrone
250 g griechischer Joghurt
(10 % Fett)
60 ml Olivenöl
½ TL Ahornsirup
Meersalz
frisch gemahlener Pfeffer

Die Linsen in einem Sieb gründlich abbrausen. In reichlich kochendem Wasser zugedeckt bei mittlerer Temperatur in 30 Minuten bissfest garen. Abgießen, kalt abspülen und gut abtropfen lassen.

Die Pinienkerne ohne Fettzugabe in einer beschichteten Pfanne bei mittlerer Temperatur rösten, bis sie sich golden färben und zart duften. Auf einem Brett abkühlen lassen. Die Hälfte des Parmesans fein reiben, die andere Hälfte hobeln.

Babyspinat, Basilikum und Petersilie abbrausen und trocken tupfen. Die Blätter abzupfen und in feine Streifen schneiden. Den Knoblauch schälen und fein hacken.

Für das Dressing Zitronensaft, Joghurt, Olivenöl, geriebenen Parmesan und Ahornsirup gründlich verrühren. Kräftig mit Salz und Pfeffer abschmecken.

Linsen, Pinienkerne, Spinat, Basilikum, Petersilie und Knoblauch in einer Schüssel mit dem Dressing mischen und mit gehobeltem Parmesan garniert servieren.

AVOCADO MIT MEYER-ZITRONE UND EINGELEGTER ZWIEBEL

Die Meyer-Zitrone ist die kleine Schwester der uns bekannten Zitrone. Sie schmeckt milder und süßer, duftet wunderbar nach Honig und Thymian und kann sehr gut mit ihrer Schale verzehrt werden.

Die Zwiebel schälen und in feine Scheiben schneiden. In einer kleinen Schüssel mit dem Essig übergießen, Zucker und Salz darüberstreuen. Mit den Händen einmassieren und mindestens 10 Minuten ziehen lassen.

Die Zitronen heiß abwaschen und trocknen. Die Schale mit einem Zestenreißer oder Sparschäler lösen und fein hacken. Die Zitronen mit einem scharfen Messer filetieren. Dazu das obere und untere Ende der Früchte bis zum Fruchtfleisch abschneiden. Die Orangen auf eine der Schnittflächen stellen, schälen und die weiße Haut dabei vollständig entfernen. Die Fruchtfilets an den Trennhäuten entlang herausschneiden.

Die Filets grob hacken und in einer kleinen Schüssel mit den Zesten, ggf. Honig und dem ausgetretenen Saft vermengen. Knoblauch schälen und fein hacken. Koriander abbrausen, trocken tupfen und fein hacken. Beides zufügen und mit Meersalz und Pfeffer kräftig abschmecken.

Die Avocados längs halbieren und die Kerne entfernen. Auf vier Tellern anrichten und mit jeweils 1 EL der Zitronenmischung füllen. Mit Olivenöl beträufeln und mit den eingelegten Zwiebeln und Meersalzflocken garniert servieren.

Für 4 Portionen

Für die eingelegte Zwiebel:
1 rote Zwiebel
180 ml Weißweinessig
1 TL Zucker
1 TL Salz

Für den Avocado-Zitronen-Salat:
2 Meyer-Zitronen
(alternativ reguläre Zitronen)
1 TL Honig (bei Verwendung der Meyer-Zitronen weglassen)
1 Knoblauchzehe
1 Bund Koriander
ca. ½ TL Meersalzflocken
frisch gemahlener weißer Pfeffer
4 Avocados

Außerdem:
4 EL Olivenöl
Meersalzflocken

MATCHA LEMONADE

Es ist wirklich nicht schwierig, Limonade selbst herzustellen.
Hier passt der herbe Geschmack des Matcha Tees perfekt zur frischen
Säure der Zitronen.

Für 1 Liter

2 Bio-Zitronen
1–3 EL Reissirup
(alternativ 25 g Zucker)
1–2 TL Matcha Teepulver
1 l kaltes Wasser
(still oder mit Kohlensäure)

Außerdem:
Eiswürfel

Die Zitronen heiß abwaschen, trocknen und halbieren. Drei Zitronenhälften auspressen. Von der vierten Hälfte das Endstück ohne Fruchtfleisch abschneiden. Eventuell vorhandene Kerne entfernen und die Zitronenhälfte nochmals teilen.

Die beiden Zitronenviertel mit Zitronensaft, Reissirup und Matchapulver (Menge jeweils nach Geschmack) in einen leistungsstarken Standmixer geben und fein pürieren. In eine Kanne gießen und langsam mit kaltem Wasser aufgießen. Kurz ziehen lassen und auf Eiswürfeln genießen.

SUMMER
IS A STATE
OF MIND

PALE
GAZPACHO

*Was dieser Gazpacho an Farbe fehlt, macht sie durch ihr volles Aroma von
Mandeln, Trauben und Knoblauch locker wett.*

Die Mandeln ohne Fettzugabe in einer beschichteten Pfanne
bei mittlerer Temperatur rösten, bis sie sich leicht bräunen. Auf
einem Teller abkühlen lassen.

Den Knoblauch (Menge nach Geschmack) schälen. Ein Drittel
der Gurke schälen und grob hacken, die Trauben abbrausen.
Das Brot in einer Schüssel mit ca. 100 ml kaltem Wasser bedecken und 10 Minuten ziehen lassen. Ausdrücken und mit
1 Handvoll gerösteter Mandeln, Knoblauch, drei Vierteln der
Gurke, drei Vierteln der Trauben, Olivenöl und Weißweinessig
in einem leistungsstarken Mixer glatt pürieren. Langsam nach
und nach das Wasser zugießen und mixen, bis die gewünschte
Konsistenz erreicht ist. Die Gazpacho kräftig mit Meersalz abschmecken und mindestens 2 Stunden kalt stellen.

In der Zwischenzeit die restlichen Mandeln hacken. Die übrigen
Trauben halbieren, die Kerne der restlichen Gurke herausschaben und das Fruchtfleisch fein hacken. Die Suppe erneut
abschmecken und in vier gekühlte Schüsseln füllen. Mit Mandeln, Trauben und Gurken garniert servieren.

Für 4 Portionen

200 g blanchierte Mandeln

1–4 Knoblauchzehen

1 Gurke

100 g grüne kernlose Trauben

100 g Sauerteigbrot vom Vortag

200 ml Olivenöl

2 EL Weißweinessig

400–500 ml eiskaltes Wasser

Meersalz

BURRATA MIT WASSER-MELONE UND FENCHEL

Knackig, süß, cremig, fruchtig – hier liegt der Sommer auf dem Teller.

Für 4 Portionen

Für das Dressing:
Abrieb und 30 ml Saft
von 1 Bio-Zitrone
6 EL Olivenöl
+ etwas zum Beträufeln (optional)
½ TL Meersalz
1 Fenchelknolle

Für den Burrata:
4 Scheiben Wassermelone
ohne Schale (ca. 1,5 cm dick)
½ Bund Basilikum
½ Bund Minze
400 g Burrata
frisch gemahlener Pfeffer
Meersalzflocken

Für das Dressing Zitronenabrieb und -saft mit Olivenöl und Meersalz verrühren. Den Fenchel waschen, trocknen und putzen. Fenchelgrün zur Seite legen. Die Knolle der Länge nach in feine Streifen hobeln. Zum Dressing geben und ziehen lassen.

Die Melonenscheiben fein hacken. Basilikum und Minze abbrausen, trocken tupfen und in feine Streifen schneiden. Burrata abtupfen und auf vier Teller verteilen. Wassermelone und Fenchel rundherum anrichten, mit dem in der Schüssel verbliebenen Dressing (oder nach Belieben mit zusätzlich Olivenöl) beträufeln und mit Meersalzflocken bestreuen. Mit Fenchelgrün, Basilikum und Minze garnieren. Sofort genießen.

THE GREENEST SALAD MIT KRÄUTERDRESSING

Nirgendwo ist es so einfach, sich gesund zu ernähren, wie in Kalifornien. Organic Markets, vegetarische Food Trucks und Farmers Markets gibt es an jeder Ecke. In diesen Salat darf alles, was der Markt gerade Grünes im Angebot hat.

Für das Dressing alle Zutaten in einem Standmixer fein pürieren.

Für den Salat bei einem Salatkopf die äußeren Blätter entfernen und den Strunk keilförmig herausschneiden, alle Salatblätter gründlich und zügig abbrausen, trocken schleudern und in mundgerechte Stücke reißen. Die Gurke waschen und in dünne Scheiben schneiden. Die Avocado halbieren und den Kern entfernen. Das Fruchtfleisch in Scheiben schneiden. Staudensellerie putzen, unter fließendem Wasser abspülen und trocken tupfen. Die langen zähen Fäden mithilfe eines kleinen Messers abziehen, dann den Sellerie in dünne Scheiben schneiden. Frühlingszwiebel putzen und in feine Ringe schneiden. Paprika putzen, von Samen und Scheidewänden befreien und klein schneiden. Sprossen abbrausen und trocken tupfen.

Alle Salatzutaten mit dem Dressing vermischen und den Salat sofort servieren.

Für 4 Portionen

Für das Dressing:

1 Handvoll gemischte Kräuter
(z. B. Basilikum, Dill, Petersilie,
Minze, Koriander, Schnittlauch)

80 g Hanfsamen

100 ml Kefir

½ TL gemahlene Senfkörner

1 EL Zitronensaft

Meersalz

frisch gemahlener Pfeffer

Für den Salat:

4 Handvoll grüner Salat (z. B. Babyspinat, Blutampfer, Brunnenkresse, Kopfsalat, Chicorée, Löwenzahn, Rucola, Erbsengrün)

1 Bio-Gurke

1 Avocado

2 Stangen Staudensellerie

1 Frühlingszwiebel

1 grüne Paprika

1 Handvoll Sprossen

FIZZY COLD BREW COFFEE MIT DATTELSIRUP

Cold Brew gibt es in den meisten kalifornischen Coffee Shops on tap, also frisch gezapft. Die Inhaltsstoffe? Nur das Beste der Bohne, denn langsam und kalt gezogen entfalten sich die fruchtig milden Aromen des Kaffees besonders gut.

Für 2 Portionen

40 g frisches, grob gemahlenes Kaffeemehl

400 ml handwarmes Wasser (ca. 30 °C)

Für den Dattelsirup:

1 Kardamomkapsel

Schale von 1 Orange, ohne weiße Fruchthaut

4 EL Dattelsirup (alternativ brauner Reissirup)

Außerdem:

French Press oder Schraubglas

Kaffeefilter

Eiswürfel

kaltes Wasser (mit Kohlensäure)

Das Kaffeemehl in eine French Press oder in ein Schraubglas geben und mit dem Wasser übergießen. Gut verrühren. Bei Verwendung einer French Press den Deckel aufsetzen und den Stempel so weit andrücken, dass das Kaffeemehl unter Wasser gehalten wird. Das Schraubglas fest verschließen.

Die Kardamomkapsel und Orangenschale zu dem Dattelsirup geben. Kaffee und Kardamom-Orangen-Dattel-Mischung bei Zimmertemperatur 16–24 Stunden ziehen lassen.

Am nächsten Tag bei der French Press den Stempel langsam nach unten drücken. Den Kaffee über einen Handfilter in eine andere Kanne umfüllen. Kardamomkapsel und Orangenschale aus dem Sirup entfernen.

Den Kaffee nach Geschmack mit dem Sirup süßen. In zwei große, mit Eiswürfeln gefüllte Becher füllen und mit Wasser aufgießen.

CUCUMBER JELLY
MIT DILLSOSSE

Die Erwachsenenvariante eines Jello Shots – mit ihrem zarten hellgrünen Schmelz sind die Cucumber Jellies richtige Juwelen auf dem Teller.

Die Gurken waschen und mit Schale raspeln. In einer Schüssel mit Salz und 1 EL Zucker mischen und 20 Minuten ziehen lassen. Ein feinmaschiges Sieb mit einem sauberen Leinentuch auslegen und den Gurkensaft in eine Schüssel abseihen. Die Raspel gut ausdrücken, sodass die komplette Flüssigkeit aufgefangen wird. 300 ml des Gurkensafts abmessen.

Das Agar Agar in 50 ml kaltem Wasser anrühren, bis alle Klümpchen aufgelöst sind. Mit Wein und 2 EL Zucker aufkochen und bei geringer Hitze 5 Minuten köcheln lassen. Vom Herd nehmen und mit Gurkensaft, Zitronensaft und Gin verrühren. In vier Sturzförmchen füllen und eventuell entstandenen Schaum auf der Oberfläche mit einem Löffel entfernen. Abkühlen und mindestens 3 Stunden im Kühlschrank fest werden lassen.

Für die Soße den Dill abbrausen, trocken tupfen und fein hacken. Knoblauch schälen und fein hacken. Beides mit dem Zitronenabrieb unter den Joghurt rühren und kräftig mit Meersalz abschmecken.

Die Förmchen kurz in heißes Wasser tauchen und das Gurkengelee vorsichtig auf Teller stürzen. Mit je einem Klecks Sauerrahm, Dillstängeln und der Soße anrichten.

Für 4 Portionen

Für die Jellies:
2 Gurken
1 TL Meersalz
3 EL Zucker
2½ TL Agar Agar
100 ml Weißwein
70 ml Zitronensaft, frisch gepresst
100 ml Gin

Für die Soße:
1 Bund Dill
1 Knoblauchzehe
Abrieb von 2 Bio-Zitronen
200 g Naturjoghurt
Meersalz

Außerdem:
4 EL Sauerrahm
4 Stängel Dill

CALIFORNIA COLESLAW

Ein amerikanischer Klassiker verbindet sich hier ganz selbstverständlich mit asiatischen Aromen. Ein wunderbares Beispiel für kalifornische Fusion-Küche!

Für 4 Portionen

Für den Salat:
½ Rotkohl
2 Möhren
½ TL Meersalz
1 Bund Koriander
½ Bund Minze
1 kleine Handvoll Mandeln

Für das Dressing:
1 Stück Ingwer (ca. 3 cm)
60 ml Limettensaft, frisch gepresst
2 EL Tamari (Sojasoße)
90 ml Olivenöl
1 TL Kokosblütenzucker
(alternativ brauner Zucker)

Den Rotkohl putzen, die Möhren schälen. Beides in feine Streifen hobeln und in eine Schüssel geben. Mit Salz bestreuen und mit den Händen gründlich durchkneten.

Koriander und Minze abbrausen und trocken schütteln. Die Blättchen abzupfen und zu dem Rotkohl und den Möhren geben. Die Mandeln in feine Stifte hacken.

Für das Dressing den Ingwer schälen und fein reiben. Gründlich mit den restlichen Zutaten verrühren. Das Dressing über den Coleslaw gießen, ziehen lassen und mit den Mandelstiften garniert servieren.

JOGHURTSUPPE MIT AVOCADO, GURKE UND FENCHEL

Diese Suppe mit ihrer genialen Kräutersoße als Topping ist fast schon ein flüssiger Salat. Hier darf alles Grüne hinein, was der Markt gerade anbietet.

Für die Kräutersoße die Chilischote entkernen und fein hacken. Den Knoblauch schälen und fein hacken. Koriander und Minze abbrausen, trocken tupfen und fein hacken. Das Olivenöl mit ½ TL Meersalz, Zitronenabrieb und -saft glatt rühren. Chili, Knoblauch, Koriander und Minze zugeben und alles gut verrühren. Die Soße bei Raumtemperatur 20 Minuten ziehen lassen, mit Meersalz abschmecken.

Für die Suppe die Avocado halbieren, den Kern entfernen und das Fruchtfleisch herauslöffeln. Gurke schälen und grob hacken, Fenchel waschen, putzen und ebenfalls grob hacken. Mit den Cashews, Joghurt und Eiswürfeln in einen leistungsstarken Standmixer geben und mit steigender Geschwindigkeit sehr fein pürieren. Mit Meersalz und nach Belieben Zitronensaft abschmecken. In zwei Schüsseln füllen, mit der Kräutersoße garnieren und sofort genießen.

Für 2 Portionen

Für die Kräutersoße:
½ grüne Chilischote
1 kleine Knoblauchzehe
½ Bund Koriander
½ Bund Minze
100 ml Olivenöl
Meersalz
1 TL Zitronenabrieb
3 EL Zitronensaft

Für die Suppe:
1 Avocado
1 Gurke
½ Fenchelknolle
10 Cashewkerne
4 EL griechischer Joghurt
(10 % Fett)
10 Eiswürfel
Meersalz
Zitronensaft (optional)

SUNSHINE
ON
MY MIND

HORCHATA DE ARROZ

Statt der klassischen Version mit gesüßter Kondensmilch gibt es hier eine gesündere Variante des mexikanischen Reisgetränks mit kalifornischen Datteln.

Für 1 Liter

100 g Reis

50 g geschälte Mandeln

ca. 400 ml heißes Wasser

50–100 g frische Datteln ohne Stein

1 TL Vanilleextrakt

1 kleine Zimtstange

Außerdem:
Eiswürfel
Zimtstangen

Den Reis sorgfältig waschen, mit den Mandeln in eine Schüssel geben und mit Wasser bedecken. Mit den Fingern gründlich verrühren und mindestens 3 Stunden einweichen.

Abgießen und in einem leistungsstarken Standmixer mit 1 l kaltem Wasser, Datteln, Vanilleextrakt und Zimtstange mit steigender Geschwindigkeit sehr fein pürieren. Abschmecken und nach Belieben mehr Datteln zugeben, erneut mixen.

Ein feinmaschiges Sieb mit einem sauberen Leinentuch auslegen, alternativ einen Nussmilchbeutel verwenden, und die Horchata in eine Schüssel abseihen. Die verbliebenen Reisreste dabei kräftig ausdrücken. Auf Eis genießen und nach Belieben mit einer Zimtstange servieren.

GRAPEFRUIT JELLY

Das zarte Gelee schmeckt am besten, wenn man es aus eiskalten Glasschälchen löffelt. Ersetzt man den Grapefruitsaft durch Mandarinensaft, wird es weniger herb.

Die Grapefruit schälen und mit einem scharfen Messer filetieren (siehe Seite 75). Die Fruchtfilets in einer kleinen Schüssel mit 1 EL Honig vermengen. Auf vier Glasschalen verteilen.

Grapefruit- und Zitronensaft, 3 EL Honig und 250 ml Wasser verrühren und durch ein Sieb in einen kleinen Topf gießen. Das Agar Agar unterrühren, alles aufkochen und bei geringer Hitze 5 Minuten köcheln lassen. Vom Herd nehmen, abschmecken und nach Belieben mit Honig nachsüßen.

Das noch flüssige Gelee vorsichtig auf die Grapefruitfilets in den Schalen geben. Eventuell entstandenen Schaum auf der Oberfläche mit einem Löffel entfernen. Abkühlen und für mindestens 3 Stunden im Kühlschrank fest werden lassen.

Für 4 Portionen

1 rosa Grapefruit

4 EL Honig + ggf. etwas mehr

450 ml weißer Grapefruitsaft, frisch gepresst

50 ml Zitronensaft, frisch gepresst

2 TL Agar Agar

GINGER KISSED
MELON MOONS

Die pastellfarbenen Bällchen sind gesünder als eine Kugel Eis und mindestens genau so erfrischend!

Für 4 Portionen

1–2 Stängel Minze

1 Stück Ingwer (ca. 2 cm)

4 EL Saft und Abrieb
von 1 Bio-Limette

2 EL warmes Wasser

3 EL Honig

½ Cantaloupe Melone

½ Honigmelone

50 g Zucker

400 ml Kokosmilch

Außerdem:
Minzblättchen (optional)

Für die Marinade Minze abbrausen und trocken tupfen. Die Blättchen abzupfen und in feine Streifen schneiden. Den Ingwer schälen und in feine Stifte schneiden. 1 EL Limettensaft mit dem Wasser mischen, den Honig darin auflösen. Ingwer und Minze unterrühren.

Beide Melonenhälften entkernen und Kugeln aus dem Fruchtfleisch stechen. Alternativ die Hälften schälen und das Fruchtfleisch in mundgerechte Stücke schneiden. Mit der Honigmarinade vermengen und 30 Minuten kühl stellen.

Den restlichen Limettensaft, Limettenabrieb, Zucker und Kokosmilch mit einem Standmixer oder Pürierstab mixen und 30 Minuten im Tiefkühlfach leicht gefrieren lassen.

Die geeiste Kokosmilch erneut mixen und gleichmäßig in vier Schalen oder Gläser füllen. Die marinierten Melonenkugeln darübergeben und nach Belieben mit Minzblättchen anrichten.

CAFÉ SUA DÁ PUDDING

Café sua dá ist die Mischung aus starkem Drip Coffee und gesüßter Kondensmilch und schmeckt in San José nicht weniger köstlich als in Vietnam, seinem Ursprungsland. Hier die Dessertvariante des Kultkaffees.

Die Butter würfeln und beiseitestellen. Ein feinmaschiges Sieb mit einem sauberen Leinentuch auslegen.

Kondensmilch, Milch und Crème double mit Vanilleextrakt, Kaffeepulver und Kaffee unter ständigem Rühren bis zum Siedepunkt erhitzen. Vom Herd nehmen und abkühlen lassen.

Währenddessen das Ei in einer Schüssel mit Zucker, Salz und Maisstärke mit einem Holz- oder Plastiklöffel verrühren. Langsam, unter ständigem Quirlen, ein Viertel der abgekühlten Milchmischung (ca. 70 °C) zum Ei gießen. Die Ei-Milch-Mischung zurück in den Topf fließen lassen, verrühren und bei mittlerer Temperatur erhitzen. Vom Herd nehmen, sobald der Pudding beginnt einzudicken. Durch das Sieb gießen und die gewürfelte Butter einrühren.

Den heißen Pudding in vier Förmchen füllen, mit Frischhaltefolie abdecken und mindestens 4 Stunden kalt stellen. Die Sahne aufschlagen und den Kaffeepudding jeweils mit einem Klecks Schlagsahne garniert servieren.

Für 4 Portionen

35 g Butter

200 g gesüßte Kondensmilch

90 ml Milch

90 ml Crème double

1 TL Vanilleextrakt

20 g vietnamesische grob gemahlene Kaffeebohnen (ersatzweise Espressobohnen)

80 ml starker Kaffee

1 Ei

35 g Zucker

1 Prise Meersalz

20 g Maisstärke

Außerdem:

50 ml Sahne

PINK
CLOUDS

IT NEVER RAINS IN CALIFORNIA!

Laue Luft und ein Glas kalifornischer Wein stimmen auf einen weiteren Höhepunkt des Tages ein: den spektakulären Sonnenuntergang. Die wechselnden Farben des Himmels sind die perfekte Kulisse für einen Sommerabend, der in Erinnerung bleibt.

SUNSET MIMOSAS MIT ZUCKERZITRONE

Es gibt wohl nur wenige Sonnenuntergänge, die schöner sind als die in Kalifornien. Fast jeden Abend färbt sich der Himmel in dramatischen Farben, bevor die Sonne ins Meer zu fallen scheint.

Für je 2 Sektgläser

Für die Zuckerzitrone:
2 kleine Bio-Zitrone
200 g Zucker

Für Melon Mimosa:
1/4 Netzmelone
200 ml eisgekühlter Sekt

Für Strawberry Mimosa:
ca. 8 reife Erdbeeren
200 ml eisgekühlter Sekt

Für Tangerine Mimosa:
Saft von 2 Mandarinen
200 ml eisgekühlter Sekt

Für Pomegranate Mimosa:
Saft von 2 Granatäpfeln
200 ml eisgekühlter Sekt

Für die Zuckerzitrone die Zitronen heiß abwaschen und die Endstücke ohne Fruchtfleisch abschneiden. Den Rest der Früchte in feine Scheiben schneiden und eventuell vorhandene Kerne entfernen. Den Zucker in einem Topf mit 125 ml Wasser verrühren und erhitzen, bis er sich aufgelöst hat. Die Zitronenscheiben zufügen und bei mittlerer Temperatur 1 Stunde köcheln lassen. Herausnehmen und auf einem Gitter abkühlen lassen.

Für den Melon Mimosa die Melone schälen und entkernen, das Fruchtfleisch mit etwas Wasser fein pürieren. Für den Strawberry Mimosa die Erdbeeren putzen und ebenfalls mit ein wenig Wasser fein pürieren. Das Fruchtmus jeweils in zwei Sektgläser füllen und mit Sekt auffüllen.

Mandarinen- und Granatapfelsaft ebenfalls jeweils in zwei Sektgläser füllen und mit Sekt aufgießen. Mit den Zitronenscheiben garnieren und sofort genießen.

WINE COOLER MIT INGWER UND MINZE

So erfrischend wie eine Limonade – doch Vorsicht, hier fällt es leicht,
völlig unbedarft zu viel zu trinken.

Die Zitrone heiß abwaschen und in Spalten schneiden, eventuell vorhandene Kerne entfernen. Den Ingwer schälen und in sehr feine Scheiben schneiden. Die Minze abbrausen.

Den Honig in der Kanne mit den Ingwerscheiben verrühren. Zitrone und Minze zugeben und mit Weißwein und Sodawasser aufgießen. Kurz ziehen lassen, auf Eis gießen und nach Belieben mit Blüten garniert genießen.

Für 1 Liter

1 Bio-Zitrone
1 Stück Ingwer (ca. 3 cm)
6 Stängel Minze
1 EL Honig
1 Flasche gekühlter Weißwein
Sodawasser

Außerdem:
Eiswürfel
essbare Blüten (optional)

HUMMUS MIT CRUDITÉS

Hummus findet man in gefühlt 1000 Varianten in den Organic Markets.
Doch selbst gemacht schmeckt er einfach am besten.

Für ca. 300 Gramm

100 g getrocknete Kichererbsen
(alternativ 250 g gegarte
Kichererbsen aus der Dose)
½ TL Natron
1 Knoblauchzehe
6 EL Tahini
½ TL Kreuzkümmel (optional)
Saft von ½–1 Zitrone
Olivenöl (optional)
Meersalz

Außerdem:
2 Handvoll Gemüse
(z. B. Gurke, Chicorée, Möhren,
Rettich, Kohlrabi, Fenchel)

Die Kichererbsen mindestens 8 Stunden, besser noch länger, in einem großen Topf in viel Wasser einweichen. Anschließend abgießen, abspülen und mit dem Natron und reichlich klarem Wasser zurück in den Topf geben. Aufkochen, Temperatur reduzieren und sanft in 1–2 Stunden garen, dabei immer wieder den Schaum abschöpfen. In der Zwischenzeit den Knoblauch schälen.

Die Kichererbsen abgießen und mit allen Zutaten bis auf das Olivenöl und Meersalz in einem Standmixer fein pürieren. Löffelweise kaltes Wasser oder nach Belieben Olivenöl zufügen, bis die gewünschte Konsistenz erreicht ist. Mit Meersalz abschmecken.

Das Gemüse putzen, in handgerechte Stücke schneiden und zu dem Hummus genießen.

HONEY DRIZZLED FIGS MIT MINZE UND FETA

Laue Luft, ein Glas kalifornischer Wein und dazu genau diese Feigen –
was für ein Abend!

Die Feigen vorsichtig abbrausen und trocken tupfen. Mit einem scharfen Messer längs halbieren und auf einem Teller anrichten. Honig, Zitronensaft und Chiliflocken verrühren und auf die Feigen träufeln. Die Minze abbrausen und trocken tupfen, die Blättchen abzupfen und in feine Streifen schneiden, den Feta zerbröseln und beides über die Feigenhälften streuen.

Für 4 Portionen

8 Feigen
8 EL Honig
1 TL Zitronensaft, frisch gepresst
1 TL Chiliflocken
2 Stängel Minze
50 g Feta

FRESH GOAT CHEESE MIT GERÖSTETEN TRAUBEN

Bei meinem Lieblingsstand auf dem Farmers Market in Santa Barbara werden Trauben stets als Nature's Candy bezeichnet. Hier bildet der frische Ziegenkäse die perfekte Leinwand für die pastellfarbenen Köstlichkeiten.

Für ca. 300 Gramm

Für den Ziegenkäse:

1,4 l Ziegenmilch

200 ml Sahne

1 TL Meersalz

60 ml Zitronensaft, frisch gepresst

Für die Trauben:

1 Rebe kernlose Weintrauben

4 Zweige Thymian

2–4 EL Olivenöl

+ etwas zum Beträufeln

1 EL Balsamicoessig

Meersalzflocken

Außerdem:

Sauerteigbrot

Ein Sieb mit einem sauberen Käse- oder Leinentuch auskleiden und auf eine Schüssel setzen. Ziegenmilch, Sahne und Salz in einem schweren Topf bei mittlerer Temperatur unter Rühren auf 85 °C erwärmen. Vom Herd nehmen und den Zitronensaft zufügen. Mit einem Holzlöffel rühren, bis sich Klümpchen an der Oberfläche bilden. 10 Minuten ruhen lassen.

Mit einer Schaumkelle die Käseschicht von der Molke abschöpfen und in das vorbereitete Sieb füllen. 1 Stunde abtropfen lassen.

In der Zwischenzeit den Backofen auf 180 °C vorheizen. Die Weintrauben waschen und abzupfen. Den Thymian abbrausen und trocken tupfen. Beides in eine Auflaufform setzen, mit Olivenöl und Balsamico beträufeln und behutsam salzen. 20–25 Minuten im Ofen garen.

Den Ziegenkäse auf kleine Servierteller stürzen oder löffeln und mit den gerösteten Trauben anrichten. Mit Olivenöl beträufeln und mit Meersalzflocken bestreuen. Dazu getoastetes Sauerteigbrot reichen.

PALOMA ROSA

*Hübsch anzuschauen, komplex und trotzdem leicht im Geschmack:
Der Paloma Rosa ist für mich der perfekte Cocktail.*

Grapefruitsaft, Tequila, Limettensaft und Zucker verrühren. 5 Minuten ziehen lassen und erneut umrühren.

Für den Salzrand die Meersalzflocken auf einem kleinen Teller verteilen. Die beiden Cocktailschalen vorkühlen. Mit dem Limettenviertel an den Glasrändern entlangfahren und die Ränder auf den Teller mit den Salzflocken drücken. Kurz antrocknen lassen.

Die Gläser umdrehen, Eiswürfel einfüllen und den Cocktail vorsichtig hineingießen. Nach Belieben mit Sodawasser auffüllen und sofort genießen.

Für 2 Cocktailschalen

125 ml Grapefruitsaft,
frisch gepresst

100 ml Tequila

2 EL Limettensaft,
frisch gepresst

1 EL Zucker

Meersalzflocken

1/4 Limette

Außerdem:
Eiswürfel
Sodawasser (optional)

LIFE
IS BETTER
WITH PALM
TREES

LIGHT MARGARITA

Bei diesem Drink sagt ein Wort alles: Sommer!

Für 2 Gläser

150 ml Tequila

70 ml Limettensaft, frisch gepresst

30 ml Orangensaft, frisch gepresst

2 EL Reissirup (alternativ Honig)

ca. 15 Eiswürfel

Schale von 1 Bio-Orange

Alle Zutaten, bis auf die Orangenschale, in einen Standmixer füllen und mit steigender Geschwindigkeit 1–2 Minuten mixen. In zwei Gläser füllen, mit Orangenschale garnieren und sofort genießen.

HOMEMADE GUACAMOLE

Auch wenn es Guacamole in Kalifornien wirklich überall zu kaufen gibt:
Am besten schmeckt sie frisch zubereitet.

Den Knoblauch schälen und mit ½ TL Meersalz bestreuen. Mit dem Rücken eines breiten Messers zerdrücken und anschließend fein hacken. Die Zwiebel schälen und fein hacken. Die Avocados schälen, halbieren und von den Kernen befreien. Mit dem Knoblauch und der Zwiebel bis zur gewünschten Konsistenz mit einer Gabel zerdrücken. Limettensaft unterrühren. Die Guacamole mit Salz abschmecken.

Den Koriander abbrausen, trocken tupfen und die Blättchen abzupfen. Die Guacamole mit Korianderblättchen garniert servieren.

Für 4 Portionen

1 Knoblauchzehe
Meersalz
½ Zwiebel
4 reife Avocados
Saft von ½ Limette

Außerdem:
¼ Bund Koriander

CRUNCHY RADISHES MIT MISOBUTTER UND SCHWARZEM SESAM

Wer sagt, dass nur Franzosen ihre Radieschen mit Butter genießen dürfen?

Für 2 Portionen

1 Bund Radieschen oder Eiszapfen mit Blättern

30 g schwarze Sesamsamen

1 TL Meersalz

6 EL weiche Butter

3 EL helle Misopaste

Die Radieschen waschen und trocken tupfen. Welke Blätter entfernen. Die Sesamsamen ohne Fettzugabe in einer beschichteten Pfanne bei mittlerer Temperatur rösten, bis sie aromatisch duften. Auf einem Teller abkühlen lassen. Mit dem Meersalz in einer Kaffee- oder Gewürzmühle zu feinem Pulver vermahlen.

Die Butter mit einem Schneebesen fluffig-weiß aufschlagen, anschließend die Misopaste unterrühren. Die Radieschen mit der Misobutter bestreichen und mit Sesamsalz bestreuen.

MOVIE-NIGHT POPCORN

Pop-pop-pop. Beim Popcornmachen bekommt man einfach immer gute Laune. Wer alle Varianten ausprobiert, muss die dreifache Menge Basis-Popcorn zubereiten.

Für das Popcorn das Kokosöl in einem hohen Topf bei mittlerer Hitze zerlassen. 3 Maiskörner hineingeben und den Deckel aufsetzen. Sobald die Körner poppen, den restlichen Mais zufügen und den Deckel erneut schließen. 3–5 Minuten warten, bis alle Maiskörner aufgepoppt sind, dabei den Topf ein wenig hin und her bewegen. Vom Herd nehmen und nach Belieben mit Salz oder Zucker aromatisieren.

Für das Salty-Maple-Popcorn das Kokosöl in einem kleinen Topf bei geringer Hitze zerlassen. Den Ahornsirup und den Kokosblütenzucker einrühren. Die Mischung zu dem fertigen Popcorn im Topf geben, gut verrühren und mit Meersalz bestreuen.

Für das Chocolate-Matcha-Popcorn die Schokolade mit einem Messer fein hacken. Mit dem Kokosöl über einem Wasserbad schmelzen. Matchapulver und Meersalz zugeben und alles schön glatt rühren. Die Schoko-Matcha-Mischung mit einem Löffel über das fertige Popcorn geben und beides gut verrühren. Popcorn auf einem Backblech verteilen und abkühlen lassen.

Für das Parmesan-Popcorn Parmesan reiben und mit Pfeffer und Chili zum fertigen Popcorn geben, gut verrühren und mit Meersalz bestreut genießen.

Für je 2 Portionen

Für das Basis-Popcorn:
2 EL Kokosöl
75 g Popcornmais
Meersalz (optional)
Zucker (optional)

Für die Variante Salty Maple:
1 EL Kokosöl
1 EL Ahornsirup
1 EL Kokosblütenzucker
1 TL Meersalzflocken

Für die Variante Chocolate Matcha:
100 g weiße Schokolade
1 TL Kokosöl
1 TL Matcha Teepulver
1 Prise Meersalz

Für die Variante Parmesan:
50 g Parmesan
1/4 TL frisch gemahlener Pfeffer
1/4 TL Chiliflocken
1 TL Meersalzflocken

KOMBUCHA FIZZ MIT MINZE UND GURKE

Die kleinen Kombucha Bars in San Francisco servieren täglich verschiedene, natürlich aromatisierte Kombuchas. Dieser hier ist besonders erfrischend.

Für 2 große Gläser

1 Bio-Limette
2 Stängel Minze
1 kleine Gurke
300 ml Kombucha
150 ml Kokoswasser
30 ml Wodka (optional)

Die Limette heiß abwaschen und vierteln, die Minze abbrausen. Beides auf zwei Gläser verteilen und mit einem Holzstößel oder -löffel andrücken, bis Saft aus der Limette tritt. Die Gurke waschen, von den Kernen befreien und fein hacken, ebenfalls auf die Gläser verteilen. Mit Kombucha, Kokoswasser und nach Belieben mit Wodka aufgießen.

CHELADA MIT CRUSHED ICE

*Oh, du bist so kühl! Wer möchte, darf sein Chelada sogar
mit Strohhalm trinken.*

Die Biergläser kühlen. Die Limetten halbieren und den Saft aus-
pressen. Eine Hälfte nochmals halbieren. Für den Salzrand die
Meersalzflocken auf einem kleinen Teller verteilen. Mit einem
Limettenviertel an den Rändern der Biergläser entlangfahren,
bis sie rundherum feucht sind. Die Gläser auf den Teller mit den
Salzflocken drücken, kurz antrocknen lassen.

Die Eiswürfel in einen leistungsstarken Standmixer füllen und mit
steigender Geschwindigkeit zu Crushed Ice zerkleinern. Den
Limettensaft in die Biergläser gießen, mit Crushed Ice auffüllen
und mit Bier aufgießen.

Für 2 Biergläser

2 Limetten
2 EL Meersalzflocken
ca. 12 Eiswürfel
2 Flaschen mexikanisches Bier
(à 330 ml)

WILD
BAREFOOT
& FREE

WARME
LEMON-OLIVEN

Wenige Zutaten, ein bisschen Wärme, mehr braucht es manchmal nicht.

Für 4 Portionen

1 kleine Chilischote (optional)

2 Knoblauchzehen

1 Bio-Zitrone

80 g blanchierte Mandeln

1 kleine Handvoll Petersilie

4 EL Olivenöl

200 g grüne Oliven

Die Chilischote entkernen und in feine Ringe schneiden. Die Knoblauchzehen schälen und mit der flachen Seite eines breiten Messers zerdrücken. Von der Zitronenschale mit einem Zestenreißer dünne Zesten abziehen. Die Mandeln zu Stiften zerkleinern. Petersilie abbrausen und trocken tupfen.

Das Olivenöl in einer Pfanne bei mittlerer Temperatur erhitzen und die Mandelstifte darin goldbraun rösten. Chili und Knoblauch zufügen. Nach 1 Minute die Temperatur reduzieren, Zitronenzesten, Oliven und Petersilie zufügen und alles 5 Minuten ziehen lassen. Noch warm genießen.

MANGO MIT CHILI UND LIMETTE

Ich liebe die kleinen Straßenstände in Los Angeles, die frische Früchte con Chile y Limon servieren. Mango ist mein klarer Favorit.

Chili und Salz in einer kleinen Schale vermengen. Die Mango schälen, vom Kern befreien und in fingerdicke Stifte schneiden. In einer Schale mit dem Limettensaft und 1 TL der Salzmischung vermengen und 5 Minuten ziehen lassen. Auf einem Teller anrichten und mit dem restlichen Chilisalz bestreut servieren.

Für 2 Portionen

½ TL Chipotle Chili
1 TL rosa Steinsalz
1 Mango
Saft von 1 Limette

STAR
GLOW

CALIFORNIA KNOWS HOW TO PARTY ...

Wenn die Sonne hinterm Horizont verschwindet, muss der Tag noch lange nicht enden. Zum kalifornischen Lebensgefühl gehört auch, jeden Moment auszukosten. Und wie könnte das besser gelingen, als unter dem Sternenhimmel?

CRISPY ROMANESCO MIT KNOBLAUCH UND CHILI

Dieses Gericht kann man auch wunderbar mit Blumenkohl oder zartem Broccolini zubereiten – einfach das auswählen, was beim Einkaufen am frischsten aussieht.

Für 2 Portionen

3 Knoblauchzehen

ca. 150 ml Olivenöl

1 Zweig Thymian

½ rote milde Chilischote

½ Bund Petersilie

1 Romanesco oder
1 kleiner Blumenkohl

Meersalz

frisch gemahlener Pfeffer

1 TL Honig

2 EL Apfelessig

Die Knoblauchzehen schälen und in einer kleinen Pfanne großzügig mit Olivenöl übergießen, bis sie vollständig bedeckt sind. Den Thymianzweig zufügen und alles bei niedriger Temperatur in 20 Minuten weich dünsten. Den Knoblauch aus der Pfanne nehmen und grob hacken. (Das übrig gebliebene aromatische Öl kann im Kühlschrank bis zu zwei Monate aufbewahrt werden.)

Den Backofen auf 250 °C vorheizen. Die Chilischote entkernen und in feine Ringe schneiden. Die Petersilie abbrausen, trocken tupfen und grob hacken. Beides beiseitestellen.

Die äußeren Blätter des Romanescos entfernen und den Strunk keilförmig herausschneiden. Die einzelnen Röschen herausbrechen und in einer feuerfesten Pfanne in reichlich Olivenöl schwenken. Bei hoher Temperatur ca. 3 Minuten anbraten, bis er sich bräunt. Kräftig mit Salz und Pfeffer abschmecken. Im heißen Ofen 5 Minuten rösten, mit einem Spatel wenden, Chili zufügen und erneut 3 Minuten rösten.

Aus dem Ofen nehmen, mit Knoblauch und Petersilie mischen. Honig und Apfelessig verrühren und untermischen. Den Romanesco auf einer Platte anrichten und sofort oder später lauwarm genießen.

GESCHMORTER MAIS MIT CILANTRO

Die Milch der Maiskolben verleiht der Brühe ihr besonderes Aroma. Aber nicht nur deshalb sollte man für dieses Gericht unbedingt ganz frische Maiskolben verwenden. Denn je länger Maiskolben gelagert werden, desto mehr wird von dem im Mais enthaltenen Zucker in Stärke umgewandelt und ihr Geschmack wird mehlig.

Für die Cotijacreme den Cotija mit den weiteren Zutaten in einem Stand- oder mit einem Stabmixer fein pürieren. Kalt stellen.

Die Maiskolben waschen und putzen. Aufrecht auf eine rutschfeste Arbeitsfläche stellen und mit einem scharfen Messer die Maiskörner von oben nach unten abschneiden, dabei den Maiskolben nach jedem Schnitt weiterdrehen. Sind alle Kerne entfernt, mit dem Messerrücken die Maismilch über einer Schüssel aus den Kolben drücken.

Die Maiskerne in einem großen Topf mit Wasser und der Maismilch bedecken und zum Kochen bringen. Hitze reduzieren und den Mais bei geschlossenem Deckel 20–30 Minuten sieden lassen. Abgießen und 200 ml der Maisbrühe zurückbehalten.

Den Koriander abbrausen und trocken tupfen, die Blättchen abzupfen. Die Schalotte und den Knoblauch schälen und fein hacken. Die Chilischote ebenfalls fein hacken. Das Olivenöl in einer großen Pfanne bei mittlerer Temperatur erhitzen. Schalotte, Knoblauch und Chili andünsten, aber nicht zu sehr bräunen lassen. Maiskörner und Cotija zufügen und kräftig mit Meersalz abschmecken. Maisbrühe und Limettensaft zugießen. Umrühren und ca. 3 Minuten köcheln lassen. Erneut abschmecken. Vom Herd nehmen, die Korianderblättchen unterrühren.

Die Avocado schälen, vom Kern befreien und vierteln. Dann in feine Scheiben schneiden. Den Mais jeweils mit der Avocado, einem Klecks Cotijacreme und Korianderblättchen garniert genießen.

Für 4 Portionen

Für die Cotijacreme:
150 g frischer Cotija (alternativ Feta)
50 g Crème fraîche
5 EL Olivenöl
2 EL Limettensaft, frisch gepresst
1/2 TL Meersalz

Für den Mais:
6 Maiskolben (weiß oder gelb)
1/2 Bund Koriander
1 Schalotte
1 Knoblauchzehe
1 mittelscharfe Chilischote
3 EL Olivenöl
50 g frischer Cotija (alternativ Feta)
Meersalz
Saft von 1 Limette

Außerdem:
1 Avocado
½ Bund Koriander

PUMPKIN TOSTADAS MIT SCHWARZEN BOHNEN

Das Schöne an kalifornischen Tortillas? Hier darf völlig unabhängig von der Herkunft alles auf die dünnen Fladen, was ordentlich Geschmack hat.

Für 2 Portionen

Für das Kürbispüree:
400 g Kürbisfruchtfleisch
1/2 Bund Koriander
1 Stück Ingwer (ca. 2 cm)
2 EL Limettensaft, frisch gepresst
¼ TL Meersalz

Für das Bohnenmus:
1 Knoblauchzehe
2 EL Olivenöl
100 g gegarte schwarze Bohnen
1/2 TL Kreuzkümmel
1/2 TL gemahlener Koriander
1/4 TL Chilipulver
Meersalz

Für die Tortillas:
8 kleine Maistortillas
Olivenöl zum Bepinseln
1 Halloumi
1 Avocado
1 rote Chilischote
½ Bund Koriander

Für das Kürbispüree den Backofen auf 185 °C vorheizen und ein Blech mit Backpapier auslegen. Das Kürbisfruchtfleisch auf dem Blech verteilen und im heißen Ofen 45 Minuten garen, herausnehmen. Alternativ das Kürbisfleisch in kleine Stücke schneiden und ca. 15 Minuten in etwas Wasser weich dämpfen. In der Zwischenzeit Koriander abbrausen und trocken tupfen, Ingwer schälen und in Scheiben schneiden. Die Hälfte des Korianders mit Kürbis, Limettensaft, Ingwer und Salz in einem Mixer fein pürieren. Die Ofentemperatur auf 200 °C erhöhen und das Blech mit einem neuen Bogen Backpapier auslegen. Die Maistortillas mit Olivenöl bepinseln und ca. 10 Minuten im Ofen knusprig backen.

Für das Bohnenmus die Knoblauchzehe schälen. Erst mit der flachen Seite eines breiten Messers zerdrücken, dann fein hacken. Das Olivenöl in einer Pfanne bei mittlerer Temperatur erhitzen, den Knoblauch darin weich dünsten. Bohnen, Gewürze und 4 EL Wasser zufügen, 5 Minuten garen lassen. Vom Herd nehmen und mit einem Kartoffelstampfer oder einer Gabel zerdrücken. Ist das Bohnenpüree noch zu sämig, löffelweise Wasser zufügen. Mit Meersalz abschmecken.

Den Halloumi in dünne Scheiben schneiden und ohne Fettzugabe in einer Grillpfanne bei hoher Temperatur braten, bis die typischen Röststreifen zu sehen sind. Die Avocado schälen, vom Kern befreien und in feine Scheiben schneiden. Die Chilischote der Länge nach halbieren, entkernen, in feine Ringe schneiden und zufügen.

Die Tortillas auf Tellern arrangieren, mit Bohnenmus bestreichen und das Kürbispüree darüberlöffeln. Mit Halloumi- und Avocadoscheiben, eingelegter Zwiebel, Chili und mit dem restlichen Koriander garniert servieren.

EASY BROTH MIT BLUMENKOHL, AVOCADO UND KORIANDER

Diese Brühe ist ein wahrer Kraftspender und obendrein ein Geschenk an das Immunsystem.

Den Blumenkohl von Blättern und Strunk befreien, gleichmäßig in Röschen teilen und mit einer Küchenmaschine in Impulsschritten zu reisgroßen Stücken zerkleinern. In einer beschichteten Pfanne 1 EL Olivenöl bei mittlerer Temperatur erhitzen. Den Blumenkohl zufügen und bei geschlossenem Deckel in 5–6 Minuten bissfest garen. Mit Meersalz abschmecken.

Die Avocadohälfte schälen und in dünne Scheiben schneiden. Mit 1 TL Zitronensaft beträufeln und mit 1 Prise Salz bestreuen. Die Radieschen in feine Scheiben hobeln.

Die Knoblauchzehe schälen, Ingwer und Koriander waschen. Einige Korianderstängel zurückbehalten. Knoblauch, Ingwer und Koriander mit Misopaste, 2 EL Olivenöl, Zitronensaft, nach Belieben Cayennepfeffer und Wasser in einen leistungsstarken Standmixer geben. Mit steigender Geschwindigkeit sehr fein pürieren.

Die Brühe in zwei Schalen gießen. Den Blumenkohl auf beide Schalen verteilen, Avocado und Radieschen zufügen und mit Korianderblättchen garniert servieren.

Für 2 Portionen

½ Blumenkohl

3 EL Olivenöl

Meersalz

½ Avocado

Saft von 1 Zitrone

2 Radieschen

1 kleine Knoblauchzehe

1 Stück Ingwer (ca. 2 cm)

1 Bund Koriander

2 EL helle Misopaste

1 Prise Cayennepfeffer (optional)

½ l heißes Wasser

MINT ZUCCHINI MIT LIMETTENCREME

*Am besten schmeckt das Gericht mit kleinen, zarten Zucchini.
Wenn es nur die normale größere Variante gibt, einfach die Kerne
mit einem Löffel entfernen.*

Für die Limettencreme die Frühlingszwiebeln waschen, putzen und in feine Ringe schneiden. Mit Sauerrahm, Limettenabrieb und -saft verrühren und mit Kreuzkümmel und Meersalz kräftig abschmecken.

Für das Minzdressing die Minze abbrausen, trocken tupfen und fein hacken. Mit Olivenöl, Zitronensaft, Zucker, ½ TL Meersalz und Pfeffer verrühren.

Den Backofen auf 185 °C vorheizen. Die Zucchini waschen und trocknen. Die Enden entfernen und die Zucchini der Länge nach vierteln. In einer feuerfesten Form verteilen. Mit Meersalz bestreuen und ca. einem Drittel des Dressings beträufeln. Je nach Größe 30–40 Minuten im heißen Ofen auf der mittleren Schiene rösten.

Sind die Zucchini gar, den Grill einschalten und die Zucchini auf der höchsten Schiene weitere 3–5 Minuten bräunen. Falls notwendig, die Form zwischenzeitlich drehen. Mit dem restlichen Dressing und der Limettencreme servieren.

Für 2 Portionen

Für die Limettencreme (ca. 250 g):
2 Frühlingszwiebeln
250 g Sauerrahm
Abrieb und 3 EL Saft
von 1 Bio-Limette
¼ TL Kreuzkümmel
Meersalz

Für die Zucchini:
1 kleine Handvoll Minze
120 ml Olivenöl
75 ml Zitronensaft, frisch gepresst
¼ TL brauner Zucker
Meersalz
frisch gemahlener Pfeffer
8 Babyzucchini
1 Prise Chiliflocken

Swim in the sea,
go on roadtrips,
count the stars,
find true love.

TOFU STIR FRY MIT SALTY CASHEW GRANOLA

Das Granola sorgt für hohen Suchtfaktor – wer mehr davon zubereiten möchte, kann den Rest in einem Schraubglas aufheben.

Für 2 Portionen

Für das Granola:

1 EL Kokosöl

1 EL brauner Reissirup (alternativ Ahornsirup)

30 g Cashewkerne

30 g Haferflocken

1 Msp. Meersalz

Für den Tofu:

250 g fester Tofu

1 Limette

2 Handvoll zartes Pflanzengrün (z. B. Brunnenkresse, Blutampfer, Erbsengrün)

2 Frühlingszwiebeln

1 EL Olivenöl

Kräutersoße (siehe Seite 97)

1 TL Meersalz

2–4 EL Limettensaft (optional)

Den Backofen auf 175 °C vorheizen und ein Blech mit Backpapier auslegen.

Für das Granola Kokosöl und Reissirup in einem kleinen Topf bei niedriger Temperatur zerlassen. Die Cashews grob hacken. Mit den Haferflocken und dem Meersalz unter das Kokosöl rühren. Gleichmäßig auf dem Blech verteilen, die Mischung darf ruhig zusammenkleben. Im heißen Ofen 30 Minuten backen, bis das Granola zart gebräunt ist, dabei alle 5 Minuten umrühren. Aus dem Ofen nehmen und vollständig auskühlen lassen.

Den Tofu grob raspeln, die Limette waschen und vierteln. Das Pflanzengrün waschen, gegebenenfalls putzen und klein schneiden. Die Frühlingszwiebeln putzen und in feine Ringe schneiden. Das Olivenöl in einer Pfanne bei mittlerer Temperatur erhitzen. Pflanzengrün und Frühlingszwiebeln zufügen und bei geschlossenem Deckel so lange dünsten, bis das Grün zusammengefallen ist. Auf einem bereitgestellten Teller ruhen lassen.

Den geraspelten Tofu mit zwei Dritteln der Kräutersoße in die Pfanne geben und bei niedriger Temperatur 2 Minuten sanft erwärmen. Mit Meersalz und nach Belieben Limettensaft abschmecken. Tofu in einer Schüssel mit Pflanzengrün, Limettenvierteln und Granola anrichten und mit der restlichen Kräutersoße beträufelt servieren.

ZITRUSPASTA MIT EDAMAME UND MICROGREENS

Ein typisch kalifornisches Wintergericht: leichtes Comfort Food mit Zitrusnote und frischen Kräuter- und Gemüsekeimlingen. Die lassen sich auch super selbst züchten, verzehrt wird nur der obere Teil ohne Wurzeln.

Die Nudeln in einem großen Topf mit reichlich Salzwasser nach Packungsanweisung kochen. Sobald sie fast al dente sind, die Edamame zufügen. Nach 30 Sekunden abgießen, mit kaltem Wasser abschrecken und gründlich abtropfen lassen.

Die Zitrusfrüchte heiß abwaschen und trocknen. Die äußere Schale der Orange mit einem Zestenreißer oder Sparschäler lösen und in feine Streifen schneiden. Anschließend alle Früchte mit einem scharfen Messer filetieren (siehe Seite 75). Die Fruchtfilets in kleine Stücke schneiden, dabei den Saft auffangen.

Für das Dressing den Ingwer schälen und fein reiben, den Knoblauch schälen. Erst mit der flachen Seite eines breiten Messers zerdrücken, dann fein hacken. Mit Limettensaft, Mandel- oder Erdnussbutter, Tamari, Reissirup und nach Belieben den Chiliflocken verrühren. Löffelweise den Orangen-Grapefruit-Saft unterrühren, bis eine dünnflüssige Soße entsteht. Mit Tamari abschmecken. Die Microgreens abspülen und trocken tupfen, die Mandeln hacken.

Nudeln und Edamame in eine große Schüssel füllen. Mit den Zitrusfrüchten und der Hälfte des Dressings mischen. Kurz ziehen lassen, kosten und nach Geschmack teelöffelweise mehr Soße zufügen. Zitruspasta mit Orangenschalen, Microgreens und Mandeln oder Erdnüssen garniert servieren.

Für 2 Portionen

200 g Nudeln
(z. B. Buchweizennudeln)

200 g Edamame
(frisch oder tiefgekühlt)

1 kleine Orange

1 kleine rosa Grapefruit

1 kleine weiße Grapefruit

1 Stück Ingwer (3 cm)

1 Knoblauchzehe

3 EL Limettensaft

4 EL Mandel- (siehe Seite 58)
oder Erdnussbutter

2 EL Tamari (Sojasoße)
+ ggf. etwas mehr

1 TL brauner Reissirup

1/4 TL Chiliflocken (optional)

2 Handvoll Microgreens
(Kräuter- und Gemüsekeimlinge
nach Wahl)

1 kleine Handvoll Mandeln
oder Erdnüsse

KIMCHI FRIED RICE MIT EINGELEGTER GURKE UND SPIEGELEI

Ein Glück, wenn vom Take-out noch etwas übrig bleibt – denn dieses Gericht gelingt nur mit schon leicht trockenem Reis.

Für 2 Portionen

Für die eingelegte Gurke:

½ Gurke

1 TL Zucker

1 TL Salz

30 ml Reisessig

Für den Fried Rice:

1 Frühlingszwiebel

100 g Kimchi

1 EL neutrales Öl

ca. 200 g gekochter weißer Reis vom Vortag

1 TL Sesamöl

1 TL Sojasoße

Für die Spiegeleier:

1 TL Butter

2 Eier

Salz

Die Gurke schälen und der Länge nach halbieren. Mit einem Esslöffel die Kerne herausschaben, sodass nur noch das feste Gurkenfleisch übrig bleibt. Fein würfeln. In eine Schüssel geben, mit Zucker und Salz bestreuen und mit dem Reisessig verrühren. Ca. 20 Minuten bei Zimmertemperatur ziehen lassen.

Währenddessen die Frühlingszwiebel putzen und in feine Ringe schneiden. Das Kimchi grob hacken. Das Öl in einer beschichteten Pfanne bei hoher Temperatur erhitzen. Den Reis zufügen und in ca. 2 Minuten knusprig anbraten, dabei gelegentlich rühren. Kimchi und Sesamöl zufügen und weitere 2 Minuten braten. Die Hälfte der Frühlingszwiebel und die Sojasoße unterrühren und den Fried Rice nach 30 Sekunden vom Herd nehmen.

In einer zweiten beschichteten Pfanne bei mittlerer Temperatur die Butter erhitzen, bis sie aufschäumt, aber nicht braun wird. Die Eier vorsichtig am Rand der Pfanne aufschlagen, hineingleiten und stocken lassen. Mit 1 Prise Salz würzen. Die Spiegeleier sind fertig, sobald die Ränder schön knusprig, die Eigelbe aber noch flüssig sind.

Den gebratenen Reis auf zwei Teller verteilen, darauf jeweils ein Ei platzieren. Mit der eingelegten Gurke und der restlichen Frühlingszwiebel anrichten.

MISO ROAST SWEET POTATOES MIT GRÜNKOHL

Hier sollte man auf keinen Fall auf den Grünkohl verzichten. Die dunklen Blätter verwandeln sich im Ofen zu knusprigen Chips und bieten der weichen Süßkartoffel Paroli.

Den Backofen auf 200 °C vorheizen. Die Sesamsamen ohne Fettzugabe in einer beschichteten Pfanne rösten, bis sie aromatisch duften. Auf einem Brett abkühlen lassen. Die Möhre schälen und in grobe Stücke hacken. Sesam und Möhre mit den weiteren Zutaten in einem leistungsstarken Standmixer mit steigender Geschwindigkeit zu einer glatten Paste pürieren. Esslöffelweise kaltes Wasser hinzufügen, bis die gewünschte Konsistenz erreicht ist.

Die Süßkartoffeln waschen und trocknen. Der Länge nach in Viertel schneiden, große Süßkartoffeln achteln. Die Knoblauchzehen schälen und mit Meersalz bestreuen. Mit dem Rücken eines breiten Messers zerdrücken. Knoblauch, Olivenöl, Miso, Zitronensaft und Harissa in einer großen Schüssel verrühren. Süßkartoffelspalten zufügen und mit den Händen so lange mischen, bis alle Stücke gleichmäßig bedeckt sind. 10 Minuten ziehen lassen. Die Süßkartoffeln anschließend nebeneinander auf einem Backblech verteilen. Den Grünkohl und die Sprossen waschen und trocknen, den Kohl in die Schüssel mit dem restlichen Harissaöl geben und vermengen, Sprossen beiseitestellen.

Die Süßkartoffeln im heißen Ofen 35–45 Minuten rösten, dabei ein- bis zweimal mit einem Spatel wenden. Dann den marinierten Grünkohl zwischen den Süßkartoffelstücken verteilen und beides weitere 10 Minuten rösten. Nach Belieben mit Meersalz und Pfeffer abschmecken und auf einer Platte mit dem Dressing und den Sprossen anrichten.

Für 2 Portionen

Für das Dressing:
1 EL Sesamsamen
1 Möhre
1 Stück Ingwer (ca. 3 cm)
1 EL helle Misopaste
2 EL Zitronensaft, frisch gepresst
4 EL Olivenöl

Für die Süßkartoffeln:
500 g Süßkartoffeln
2 Knoblauchzehen
Meersalz
4 EL Olivenöl
3 EL helle Misopaste
Saft von 1 Zitrone
2 EL Harissa
1 Handvoll Grünkohl
1 Handvoll Sprossen
frisch gemahlener Pfeffer

BASISREZEPTE

Für je 2 Portionen

QUINOA

80 g Quinoa

250 ml Gemüsebrühe oder Wasser

1 TL Meersalz

Außerdem:

1 EL Olivenöl

1 EL Zitronensaft (optional)

2 EL gehackte Kräuter nach Wahl
(optional)

Die Quinoa unter fließendem Wasser so lange abspülen, bis das Wasser klar bleibt. Gemüsebrühe oder Wasser mit Quinoa und Salz in einem Topf zum Kochen bringen. Abgedeckt bei mittlerer Hitze 15 Minuten sieden lassen, bis die Körner glasig sind.

Durch ein feinmaschiges Sieb abgießen und 10 Minuten ruhen lassen. In eine Schüssel füllen, mit einer Gabel auflockern und die Quinoa mit Öl und nach Belieben mit Zitronensaft und Kräutern servieren.

BUCHWEIZEN

100 g Buchweizen

200 ml Gemüsebrühe oder Wasser

1 TL Meersalz

Außerdem:

1 EL Sonnenblumenöl

1 EL Zitronensaft (optional)

2 EL gehackte Kräuter nach Wahl
(optional)

Den Buchweizen unter fließendem Wasser so lange abspülen, bis das Wasser klar bleibt. Mit Gemüsebrühe oder Wasser und Salz in einen Topf geben und bei hoher Temperatur zum Kochen bringen. Abgedeckt bei geringer Hitze 15 Minuten sieden lassen, bis die Brühe oder das Wasser aufgebraucht ist. Die gegarten Körner erneut mit warmem Wasser abspülen und abtropfen lassen. Mit Öl und nach Belieben mit Zitronensaft und Kräutern servieren.

DINKEL

100 g Dinkel

160 ml Gemüsebrühe und Wasser

1 TL Meersalz

1 EL Olivenöl

Außerdem:

1 EL Zitronensaft (optional)

2 EL gehackte Kräuter nach Wahl (optional)

Den Dinkel in einem Sieb unter fließendem Wasser so lange abspülen, bis das Wasser klar bleibt. In einer Schüssel mit reichlich Wasser mischen und mindestens 6 Stunden, besser über Nacht, einweichen. Abgießen und mit Gemüsebrühe oder Wasser in einem Topf zum Kochen bringen. Abgedeckt bei mittlerer Hitze 40–50 Minuten sieden lassen. Vom Herd nehmen und ca. 30 Minuten quellen lassen. Erst jetzt mit Meersalz abschmecken und mit dem Öl vermengen. Nach Belieben mit Zitronensaft und Kräutern servieren.

HIRSE

100 g Hirse

200 ml Gemüsebrühe oder Wasser

1 TL Meersalz

1 EL Olivenöl

Außerdem:

1 EL Zitronensaft (optional)

2 EL gehackte Kräuter nach Wahl (optional)

Die Hirse in einem Sieb unter fließend heißem Wasser abspülen. Gemüsebrühe oder Wasser in einem Topf erhitzen, die Hirse zufügen und aufkochen. Bei mittlerer Temperatur 10–15 Minuten kochen. Vom Herd nehmen und zugedeckt weitere 10 Minuten quellen lassen, dabei nicht umrühren. Mit einer Gabel auflockern und mit Meersalz und Öl vermengen, nach Belieben mit Zitronensaft und Kräutern servieren.

STICKY DATE CAKE MIT MILCHEIS

Zum Glück sind die meisten Gerichte in Kalifornien gesund und leicht, denn diese Wucht an Kuchen ist eine Offenbarung aus Dattelkaramell.

Für das Eis Milch und Zucker in einem Topf unter Rühren aufkochen. Mascarpone zufügen und die Mischung erneut aufkochen lassen. Den Topf vom Herd nehmen und die Milchmischung abkühlen lassen. Die Sahne halbsteif schlagen. Vorsichtig unter die abgekühlte Milch heben und 20 Minuten ins Tiefkühlfach stellen. Das angefrorene Eis umrühren und in eine Eismaschine geben. Alternativ in einem verschließbaren Behälter tiefkühlen und mit einer Gabel regelmäßig umrühren.

Den Backofen auf 180 °C vorheizen. Eine Springform (ø 22 cm) mit Backpapier auslegen und den Rand buttern. Die Datteln zerkleinern und in einem kleinen Topf mit 275 ml Wasser aufkochen. Vom Herd nehmen und das Natron einrühren, bis eine breiartige Masse entsteht.

In einer Schüssel Ei, Zucker und Vanilleextrakt schlagen, bis der Zucker sich aufgelöst hat. Die Datteln gleichmäßig unterrühren. Mehl, Backpulver und Salz in einer separaten Schüssel vermischen und über die Dattelmasse sieben. Unterrühren, bis eine homogene Masse entstanden ist. Den Teig in die Form füllen und 45 Minuten backen. Den fertigen Kuchen in der Form auf einem Kuchengitter ca. 40 Minuten abkühlen lassen.

Für die Whiskeysoße Butter und Zucker in einem breiten Topf bei niedriger Temperatur in ca. 10 Minuten langsam erhitzen, bis der Zucker sich vollständig aufgelöst hat. Sahne in dünnem Strahl zugießen. 15 Minuten bei niedriger Temperatur unter Rühren eindicken lassen. Vom Herd nehmen und den Whiskey einrühren.

Den abgekühlten Kuchen gleichmäßig mit einem Holzstäbchen einstechen und mit der Hälfte der Soße übergießen. Durchziehen lassen und mit der restlichen Soße und dem Milcheis genießen.

Für 1 Kuchen

Für das Milcheis:

200 ml Milch

150 g Zucker

150 g Mascarpone

300 ml Sahne

Für den Kuchen:

225 g frische Datteln ohne Stein

1 TL Natron

1 Ei

150 g Zucker

1 TL Vanilleextrakt

150 g Mehl

1 TL Backpulver

1 Prise Meersalz

Für die Whiskeysoße:

75 g Butter

350 g Muscovado Zucker

225 ml Sahne

2 EL Whiskey

DREAMS ARE MADE OF SAND AND SUN

BUDINO MIT KARAMELLSOSSE

Das beliebteste Dessert in ganz L. A.? Na, dieser Pudding, der seidenweich die Seele streichelt.

Für den Boden die Butter in einem Topf schmelzen. Die Schokokekse in einem Standmixer fein zerkleinern oder in einen Gefrierbeutel füllen und mit einem Nudelholz zerbröseln. Die Kekskrümel mit der Butter und dem Meersalz mischen. Auf vier Schälchen verteilen.

Für den Pudding 60 ml Milch mit der Speisestärke verrühren. Die restliche Milch mit Vanilleextrakt und nach Belieben Rum in einem Topf unter Rühren bis kurz vor den Siedepunkt erhitzen, nicht kochen lassen. Vom Herd nehmen und beiseitestellen.

Den Muscovado Zucker auf dem Boden eines Topfs verteilen, schmelzen lassen, bis er karamellisiert. Mit der warmen Vanillemilch ablöschen, rühren und nach 1 Minute vom Herd nehmen.

Ein feinmaschiges Sieb mit einem Leinentuch auslegen. Die Eigelbe mit einem Holzlöffel glatt rühren. Nicht schaumig aufschlagen, da der Pudding sonst nicht seinen zarten Schmelz erhält. Die warme Vanille-Karamell-Milch (ca. 70 °C) und die Stärkemilch nacheinander unter die Eigelbe rühren. Die Ei-Milch-Mischung zurück in den Topf gießen und bei mittlerer Temperatur erhitzen. Vom Herd nehmen, sobald der Pudding beginnt einzudicken. Durch das Sieb gießen und die Butter einrühren. Den Budino auf die Keksböden füllen, mit Frischhaltefolie abdecken und mindestens 4 Stunden kalt stellen.

Für die Karamellsoße Zucker auf dem Boden eines Topfs verteilen. Butter zufügen und bei niedriger Temperatur in ca. 10 Minuten erhitzen, bis der Zucker sich aufgelöst hat. Die Sahne zugießen. Weitere 15 Minuten bei gleichbleibend niedriger Temperatur unter Rühren eindicken lassen. Vom Herd nehmen und die Meersalzflocken einrühren. Die Sahne aufschlagen und den Budino mit je einem Klecks Schlagsahne und Karamellsoße garniert servieren.

Für 4 Portionen

Für den Boden:

20 g Butter

8 kleine Schokoladenkekse (siehe Seite 199, ohne Nüsse und Chili zubereitet)

1 Prise Meersalz

Für den Pudding:

350 ml Vollmilch

15 g Speisestärke

1/2 TL Vanilleextrakt

1 TL dunkler Rum (optional)

75 g Muscovado Zucker

3 Eigelb

15 g zimmerwarme Butter

Für die Karamellsoße:

100 g Zucker

25 g Butter

150 ml Sahne

1/4 TL Meersalzflocken

Außerdem:

50 ml Sahne

SWEET TANGERINE CAKE MIT VANILLEBUTTERCREME

Schmeckt nicht nur an Geburtstagen gut: Süße Mandarine trifft schaumige Vanillecreme.

Für 1 Kuchen

Für den Kuchen:
250 g Butter
Abrieb und 7 EL Saft
von 4 Mandarinen
250 g Zucker
1 Prise Salz
4 Eier
250 g Mehl (Type 405)
1 TL Speisestärke
1 TL Backpulver
1 TL Vanilleextrakt

Für die Buttercreme:
225 g weiche Butter
350 g Puderzucker + ggf. etwas
mehr
1 EL Vanilleextrakt
ggf. 3–4 EL Milch

Außerdem:
Butter für die Form
1 Mandarine
Lebensmittelfarbe (optional)

Die Butter und die Eier mindestens 30 Minuten vor dem Verarbeiten aus dem Kühlschrank nehmen, alle Zutaten sollten Zimmertemperatur haben. Eine Springform (ø 22 cm) mit Backpapier auslegen und den Rand buttern. Den Backofen auf 180 °C vorheizen.

Butter, Mandarinenabrieb, Zucker und Salz schaumig aufschlagen. Die Eier nacheinander zugeben und einzeln unterrühren. In einer separaten Schüssel Mehl, Speisestärke und Backpulver vermischen. Über den Teig sieben und untermengen. Mandarinensaft und Vanilleextrakt mischen und unterrühren.

Den Teig in die Form füllen und im heißen Ofen 50–60 Minuten backen. Falls die Oberfläche sich zu stark bräunt, mit Backpapier abdecken. Den fertigen Kuchen in der Form auf einem Kuchengitter ca. 20 Minuten abkühlen lassen, dann aus der Form lösen. Auf dem Gitter vollständig auskühlen lassen.

Für die Vanillebuttercreme die Butter hellcremig aufschlagen. Den Puderzucker esslöffelweise zufügen und unterrühren. Anschließend den Vanillextrakt einrühren. Ist die Creme zu fest, teelöffelweise Milch unterrühren. Ist sie zu weich, etwas mehr Puderzucker zufügen. Den Kuchen gleichmäßig mit der Creme einstreichen.

Für die Dekoration die Schale der Mandarine mit einem Zestenreißer oder Sparschäler lösen. Die Zesten als Deko auf der Buttercremeschicht verteilen. Nach Belieben je 1 TL Lebensmittelfarbe mit 1 TL Wasser mischen und mit einem Pinsel auf die Buttercreme auftragen. Nach Wunsch mit beliebig vielen Farben wiederholen.

CHILE ANCHO CHOCOLATE COOKIES MIT ZIMTCREME

Good night, sleep tight! Diese Keksvariante mit Ancho Chilipulver lässt auch Erwachsene wieder zu Milk-and-Cookie-Fans werden. Für Kinder lassen sich die Schokokekse auch ohne Schärfe zubereiten.

Den Backofen auf 160 °C vorheizen und zwei Backbleche mit Backpapier auslegen. Die Nüsse ohne Fettzugabe in einer beschichteten Pfanne bei mittlerer Temperatur rösten, bis sie zart duften. Auf einem Brett abkühlen lassen und grob hacken.

Puderzucker, Kakao, Meersalz und wahlweise Chilipulver in einer Schüssel mischen und sieben. Nacheinander Nüsse, Eiweiße und Vanilleextrakt zugeben und mit einem Schneebesen unterrühren, bis eine homogene Masse entstanden ist.

Mithilfe eines Esslöffels den Teig in großzügigem Abstand auf die Bleche setzen. Die Cookies im heißen Ofen nacheinander jeweils 12–15 Minuten backen. Auf einem Kuchengitter vollständig auskühlen lassen.

Für die Zimtcreme die Sahne mit Zucker und Zimt aufschlagen und zu den Keksen genießen.

Für 18 große oder 30 kleine Kekse

Für die Cookies:
300 g Nüsse nach Wahl
(z. B. Haselnusskerne
oder Walnusskerne)
450 g Puderzucker
60 g Kakaopulver
1/2 TL Meersalz
½–1 TL Ancho Chilipulver (optional)
4 Eiweiß
1 EL Vanilleextrakt

Für die Zimtcreme (ca. 125 g):
100 ml Sahne
1 EL Zucker
1/2 TL Zimt

REGISTER

ZUTATENREGISTER

SIMONE WILLE röstete im Feinkostgeschäft ihrer Familie schon als Kind Kaffeebohnen von Hand. Sie hat in Salzburg und London Journalistik studiert und auf der ganzen Welt gearbeitet. Bis heute verfasst die Autorin am liebsten Artikel und Bücher zum Thema Kulinarik, Reise und Lebensstil. Wenn sie nicht gerade mit ihrem Mann und ihren Kindern unterwegs ist, lebt, kocht und schreibt sie in München.

5 4 3 2 1   22 21 20 19 18

ISBN 978-3-88117-186-1

© 2018 Hölker Verlag in der Coppenrath Verlag GmbH & Co. KG,
Hafenweg 30, 48155 Münster, Germany
Alle Rechte vorbehalten, auch auszugsweise
www.hoelker-verlag.de

Rezepte und Food-Fotografie: Simone Wille
Layout und Satz: Stefanie Wawer
Litho: FSM Premdia GmbH & Co. KG, Münster
Lektorat: Kathrin Nick
Redaktion: Franziska Grünewald